아! 깨달음이 이렇게 쉬울 줄이야

아! 깨달음이 이렇게 쉬울 줄이야

1판 1쇄 펴낸 날 2017년 3월 28일

법문 백운스님 | **엮음** 보심스님 |
발행인 김재경 | **기획 · 편집** 김성우 |
디자인 최정근 | **마케팅** 권태형 | **인쇄** 재능인쇄

펴낸곳 도서출판 비움과소통 경기도 파주시 하우고개길 151-17 예일아트빌 103동 102호(야당동 191-10)
전화 031-945-8739 | **팩스** 0505-115-2068
홈페이지 http://blog.daum.net/kudoyukjung | **이메일** buddhapia5@daum.net
출판등록 2010년 6월 18일 제318-2010-000092호

ISBN : 979-11-6016-017-8 03220

아! 깨달음이 이렇게 쉬울 줄이야

백운스님 법문
보심스님 엮음

비움과소통

참 주인공을 찾는 여행길

이 책은 '백운스님' 육성 법문의 핵심 내용을 최대한 손상하지 않으면서 요즘 시대를 살아가는 사람들에게 조금 더 쉽게 다가갈 수 있도록 옮긴 것입니다.

그야말로 스님의 수행이 고스란히 녹아있는 결정체인 것이지요.

경주 남산의 자그마한 암자 '백운암'에서 수십 년을 머물면서 인연 따라 찾아오는 사람들을 보듬고 살피며 오로지 '불법(佛法)의 골수(骨髓)'만을 전하는데 뜻을 두고 시간을 넘어온 것입니다.

강원도 정선 산골 마을에서 태어나고 자란 스님께서는 "각자의 인생은 스스로 책임져야 한다."는 말을 부모님께 당당히 하고 열여섯 나이에 출가를 합니다.

이 책을 출간하기 위해 글로 옮기는 작업을 하던 어느 날 백운스님의 수행 과정을 책에 실을 요량으로 스님의 살아온 이

야기를 여쭙는데 스님께서는,

"지나온 삶의 과정은 그저 밤을 낮 삼아 지내온 것일 뿐 과거에 어떠하였는지는 중요하지 않다. 언제나 지금 살아가는 이것이 중요할 뿐이지."

하시며 쓸데없는 일 안해도 된다고 하십니다.

'늙은 노장스님의 인생은 그저 허공에 스치는 바람이었습니다.'

하지만 이 책은 백운스님 수행 과정의 결정체를 옮긴 것이기에 이 글을 읽는 여러분들께 조금이나마 도움이 되었으면 하는 바람으로 화두를 타파했던 일화를 싣고자 합니다.

백운 노장스님께선,

오직 '출가본분사(出家本分事)' 해결을 위해 전국을 떠돌며 '마삼근(麻三斤)' 화두를 일념으로 정진하였습니다.

그러던 어느 때 문득 조사 어록을 보고 단박에 화두를 타파

합니다.

마조스님과 백장스님의 물오리 화두였습니다.

마조스님이 시자인 백장스님을 데리고 만행을 하던 중, 물오리 떼가 날아 산을 넘어가는 것을 보고 묻습니다.

"마조: 물오리 떼가 어디로 갔느냐?"

"백장: 저기로 날아가 버렸습니다."

그때 마조스님이 백장스님의 코를 잡아 비틀면서

"마조: 이래도 날아가 버렸다고 할 것이냐?"

이때 백운스님은 코가 둘러빠지는 것 같은 아주 큰 소식을 얻습니다.

"백장스님이여, 이 백운이 스님보다 이익이 많구려."

오직 간화선의 화두로 깨친 스님은 재가 수행자들에게 몇 년 동안 화두 참선만을 지도하시지만, 단 한 명도 깨친 사람이 없는 것을 보고 많은 고민을 하십니다.

"이렇게 힘들어서는 어떻게 깨치고 나올 수 있겠나?"

"아무래도 방법이 틀리지 않았을까?"

"나도 죽을 고비를 몇 번을 넘기고서야 이 소식을 접했는데, 전문 수행자가 아니고서야 어떻게 가능하겠는가?"

그 길로 다시 길을 나섭니다.

그러던 어느 때 스님은 한 거사님을 만나 기존의 화두 방법이 아닌 직접적인 문답을 통해 깨치게 합니다.

스님은 의기양양하여 자신만의 특별한 방법이라 생각했으나, 달마조사부터 쭉 내려오던 조사선(祖師禪)은 모두 바로 이러한 문답을 통해 법이 펼쳐졌다는 것을 아십니다.

스님은 새로운 방법을 찾고선 백운암으로 다시 돌아와서 법을 펼칩니다. 물론 기존의 화두 참선을 고집하던 수행자들의 반발도 만만치 않았습니다.

그렇게 많은 시행착오를 겪어가며 스님은 마침내 2012년,

'무차법회(無遮法會)'를 통해 새로운 법의 종지(宗旨)를 세웁니다.

백운스님의 '인식의 대전환'이 아니었으면 지금의 이 법은 이처럼 많은 인연들을 만나지 못했을 것입니다.

스스로 화두로 깨치고 나오셨으니 다른 방법으로 방향을 전환하는 일은 정말 쉽지 않은 대변화였습니다.

정말 큰 용기이고 깊은 원력(願力)이며 인식의 대전환이 아닐 수 없습니다.

그동안 스님께서 하셨던 많은 법문을 음성으로 녹음해 오셨던 분, 음성법문을 다시 책으로 옮겨서 책을 출간하셨던 분, 또 유튜브에 올려 많은 인연을 맺게 해준 여러분들의 공덕에 깊은 감사를 드립니다.

사람은 살아가면서 누구나 필연적으로 고통에서 허우적거릴 수밖에 없습니다. 이에 대해 경주 남산의 늙은 노장스님께서 깊은 안타까운 애틋함으로 허공에 “울림”을 펼칩니다.

‘본래 고통은 존재하지 않는다.’

‘누구나 행복해야 한다.’

‘누구나 깨달을 수 있다.’

‘본래 깨치지 못해도 삶과 죽음이 따로 없다.’

‘우리는 각자의 인생에 들러리가 아닌 참 주인공이다.’

참 주인공을 찾는 여행길에 동참하기만 하면 목적지에 도달할 수 있습니다.

늙어가는 것이 아닌 삶과 죽음에서 벗어나 아름답게 익어가고자 하는 분들을 위한 나침반!

2017년 겨울 백운암에서

사문 보심 합장

죽비법문은 부처님 팔만사천 법문의 압축판

안경식(부산대 교수)

경주 남산 자락에 있는 노장스님을 한번 찾아뵙는 게 어떠냐는 친구 거사의 솔깃한 제안으로 처음 스님 법문을 접하게 되었습니다. 찾아뵙기 전 유튜브에 올라 있는 스님의 법문을 밤늦도록 보았습니다. 자려고 누우니 스님의 죽비소리가 머릿속을 떠나지 않았습니다. 뭔가 있는 것 같기는 한데… 이게 뭐지… 밤새 이 생각을 하며 뒤척였습니다.

다음날,

백운암에 올라와 산을 내려갈 때까지 노장님을 5차례 뵈었습니다. 법회 전, 법회 때, 점심 공양 전, 공양 후, 그리고 다시 한 번.

처음 뵙고 인사를 드린 후 법회에서는 예의 죽비법문이 있었습니다.

'오후수행(悟後修行)'과 '사성제(四聖諦)' 등에 대해 말씀 하신 것으로 기억합니다. 법문을 마치고 다시 노장님과 마주 앉아 직접 질문을 드렸습니다.

"왜 오후수행(悟後修行)입니까?"

깨달음을 얻기 위해 수행을 하는 것이라 알고 있고, 그게 불교의 '상식'으로 알고 있었습니다. 그런데 노장님은 법석에서 깨달음이 있고 난 다음에야 진정, 수행을 할 수 있다는 '오후수행'을 말씀하시면서 죽비를 쳐대니, 의아하지 않을 수 없었습니다. 노장님으로부터는,

"본성을 깨닫지도 못하고 수행하겠다고 덤비는 것은 나침반도 없이 항해를 하는 것과 마찬가집니다."

라는 답변이 돌아왔습니다.

다시 여쭈었습니다.

"그러면, 그 깨달음을 위해서는 어떻게 해야 합니까?"

깨달음 뒤에 수행이 필요하다고 하시니, 수행법을 물어야 되는 것이 아니라 깨달음에 이르는 방법에 대해 물을 수밖에 없었던 것입니다.

"깨닫고자 하는 간절한 마음만 있으면 됩니다."

깨닫고자 하는 마음만 있으면 된다, 라니.

속으로, ("불자치고 깨달음을 얻고자 하는 마음이 없는 사람이 누가 있습니까.")

라는 말이 목구멍까지 나왔습니다.

그때, 다시 한 번 말씀하셨습니다.

"간절한 마음, 그것 하나만 있으면 됩니다."

그러나 이해가 될 리 없었습니다.

그 사이 점심 공양 때가 되어 공양을 하는데 스님은 독상 받는 것을 마다하시고 대중들과 겸상을 하셨습니다.

공양 후, 뜰에 나가 이번에는 친구 거사와 이야기를 주고받

았습니다.

"여기서는, 깨달음 뒤에 수행이라는데, 그렇다면 그 수행은 뭐냐? 어떻게 수행을 한다는 말이냐?"

염불 수행을 하는지, 참선 수행을 하는지, 주력 수행을 하는지 그것이 궁금했던 것입니다. 이에 친구 거사는, 싱겁게 대답해주더군요.

"무엇을 하려고 하면 이미 어긋나 버리는 거야.

끊임없이 탁마(琢磨)를 통해서 본래 자성자리를 확인하고 물들지 않는 연습을 하는 것뿐이지."

아니, 어찌 그럴 수 있나. 명색이 불교인데, 염불도 아니고, 참선도 아니고, 그렇다고 위빠사나도 아니고…

스님과 다시 마주 앉았습니다.

깨달음에 대해 내 '생각'에 입각해서 '집요한 추궁'을 했습니다. 깨달음 뒤에 수행이라니, 그리고 그 수행이 유별난 것이 아니라니. 이제 드디어 깨달음의 '실체'에 대해 물을 수밖에 없었습니다.

"수행 없이 어떻게 깨달음이 있을 수 있습니까?"

"그리고 그 깨달음이 도대체 뭡니까?"

노장님은 다시 죽비를 들어 치셨습니다.

"탁!"

"탁, 탁!"

들립니까?

"당연히 들리지요."

이번엔 죽비를 들어 세우면서,

"보입니까?"

"보입니다."

"들으려고 해서 들었습니까. 보려고 해서 보았습니까. 아니면 그냥 들리고 보였습니까?"

"그냥 들리고 그냥 보였습니다."

"(탁! 탁, 탁!) 들으려 애쓰지 않아도 들리는 이것, 보려고 애쓰지 않아도 보이는 이것, 이것이 바로 스스로의 참 모습입니다."

.

.

.

("앗!")

노장님의 법석에 한 번이라도 참석한 사람이라면, 노장님의 법문을 한 번이라도 들은 사람이라면 노장님의 죽비 소리를 안 들어본 사람은 없을 것입니다. 노장님과 죽비 소리는 둘이 아닙니다. 죽비 소리가 노장님이고, 노장님이 죽비 소리지 않습니까.

노장님의 죽비법문은 부처님 팔만사천법문의 압축판입니다.

부처님에게 한 송이 꽃이 있었다면[拈花示衆], 백운 노장님에게는 죽비가 있는 것입니다.

20대 말에 불자가 된 저는 끊임없이 깨달음을 추구하고, 깨달음을 위한 자리라면 어떤 곳이든 마다 않고 달려갔습니다.

염불, 간화선, 묵조선, 위빠사나까지.

그리고 어떤 곳에서는 제법 '변화'도 맛보고, '인가(?)'를 얻은 곳까지 있었습니다. 그런데 문제는 그 이후였습니다. 그래서 어쨌단 말이냐(so what?) 아무리 신비한 체험을 하고, 신통력을 얻었다 하더라도 그래서 어쨌단 말이냐?

아무리 신비한 체험을 하더라도 그 체험은 일시적일 수밖에 없는 것이고, 그 다음 결국 우리는 현실로 돌아와 현실 속에서 살아갈 수밖에 없다는 이 사실을 우리는 주목하지 않을 수 없는 것입니다. 깨달음이 지금, 여기(now and here)를 떠나 있다면 그 깨달음은 결국은 깨어질 수밖에 없는 '유리알' 깨달음일 수밖에 없는 것입니다. 백운 노장님의 죽비법문은 신비적인 요소가 하나도 없습니다. 죽비 하나로 들려주고, 보여주고 있습니다. 감출 것이 하나도 없습니다. 언제 어디서든 법문이 이루어지고, 현장에서 바로 본성자리를 보여주고 들려줍니다.

이 책 제목과 꼭 같습니다.

《아! 깨달음이 이렇게 쉬울 줄이야》.

끝으로 교육학자의 입장에서 노장님의 죽비법문에 대해 한마디 덧붙이고자 합니다. 교육학은 교육이라는 인간 행위를 연구 대상으로 삼는 학문입니다.

그리고 그 교육 활동에서는 '앎'이 중심 개념이 됩니다.

그런데 앞서도 말했듯이 노장님의 법문에는 석가모니 부처님의 1차 화살, 2차 화살이란 말을 차용하여 1차 작용, 2차 작용이란 개념이 늘 따라다닙니다. 깨달음을 '작용'이란 용어로 전환시키고 있는 것입니다.

깨달음을 신비화하지 않고, 그냥 하나의 '작용'이라는 개념으로 전환시킨 것이지요. 그런데 노장님께서 주목하신 이 '1차 작용'이란 것은 교육학적으로도 큰 의미가 있는 것입니다. 1차 작용은 당사자의 입장에서는 일종의 전인적인 체험인데, 그 체험을 저는 '앎'이란 용어로 바꾸어 놓고 싶습니다.

흔히 우리가 '앎'이라고 하면 지적인 '앎'만을 앎으로 생각하거나 '앎'이 정형화한 '지식'을 생각하게 됩니다. 그러나 제가 말하는 '앎'은 지, 정, 의를 포괄하는 통합적 '앎'입니다.

깨달음이 무엇이겠습니까.

교육학자로서 저의 입장은 깨달음도 '앎'이라는 것입니다.

또 다른 입장에서는 체험이라 할 수도 있고, 또 노장님처럼 '작용'이라 할 수도 있을 것입니다. 그러나 저는 깨달음을 '앎'의 입장에서 보고 싶은 것입니다. 그렇다면, 즉 노장님의 1차 작용을 1차적 앎이라고 할 수 있다면, 이는 불교교육 뿐 아니라 인간교육의 측면에서도 매우 중요한 의미를 지닌다 할 수 있습니다. 왜 그런가 하면, 그 1차 작용이 그러하듯이 1차적 앎 역시 보편적인 것입니다. 누구에게는 인식이 되고, 누구에게는 인식이 안 되는 것이어서는 안 됩니다. 비록 '앎'이란 이름을 달고 있지만 글을 아는 사람에게는 보이고, 글을 모르는 사람에게는 안 보여서는 안 되는 것입니다.

IQ가 높은 사람에게는 보이고, 그렇지 않은 사람에게는 안 보여서는 안 됩니다. 인간이면 누구에게나 적용되고 체험 가능한 것이 되어야 합니다.

이러한 보편성을 지닌 1차적 '앎'의 중요성을 잊고 있었고, 그것을 노장님께서는 1차 작용이란 개념으로 다시 살려내신 것입니다. 그런데 선(禪)의 특징이 그렇듯이 스님의 죽비 법문 역시 매우 직관적입니다. 그런 측면에서 노장님의 죽비법문은 직지인심(直指人心), 견성성불(見性成佛)을 내세우는 선(禪)의

계보를 이었다고 할 수 있을 것이고, 노장님은 이 시대의 선사(禪師)라고 할 것입니다.

석가모니 부처님의 45년 중생 교화는 교육학의 관점에서 보면 모두 교육 활동입니다. 그가 꽃 한 송이를 들었을 때 반응한 사람은 가섭 존자 한 사람 뿐이었습니다. 한 송이 꽃은 석가모니 시대의 말후구(末後句)였던 것입니다.

이 시대에 다시 석가모니가 말후구를 제시한다 한들 알아들을 자, 몇이나 되겠습니까. 이에 고위산 기슭에 노장님이 다시 나타나셔서 이 시대의 말후구로서 죽비를 든 것이니 노장님 역시 이 시대의 선지식이자 교육자라 하지 않을 수 없을 것입니다.

석가모니 부처님 45년 교화가 군더더기였다면, 《아! 깨달음이 이렇게 쉬울 줄이야》도 군더더기입니다. 부처님의 45년이 자애심의 발로라면, 이 책의 출간도 자애심의 발로일 테지요.

노장님은 깨달음의 입장에서 우리가 두 번째 화살을 맞고 전도몽상(顚倒夢想)하여 일체의 고액(苦厄)을 다 둘러쓰지나 않을까 염려하고 계십니다.

엊그제 입문하여 눈을 뜨지도 못한 사람이 사설이 길었습니다. 행여 노장님의 '소식'을 잘못 말씀드려 업장을 두텁게 하지 않았나 적이 두렵습니다.

부디,
이 책을 읽는 모든 이
문자반야의 감로수
맛볼 수 있도록
두 손 모아 기원합니다.
나무아미타불!(합장)

○ 목차

제1부 / 견성(見性)을 해야만 인생의 참 주인공으로 익어 갈 수 있다

제2부 / 부처님께서 이 땅에 오신 뜻
(2016년 부처님오신날 특별법문)

禪
흰구름
머무는 곳

제1부

견성見性해야만 인생의 참 주인공으로 익어 갈 수 있다

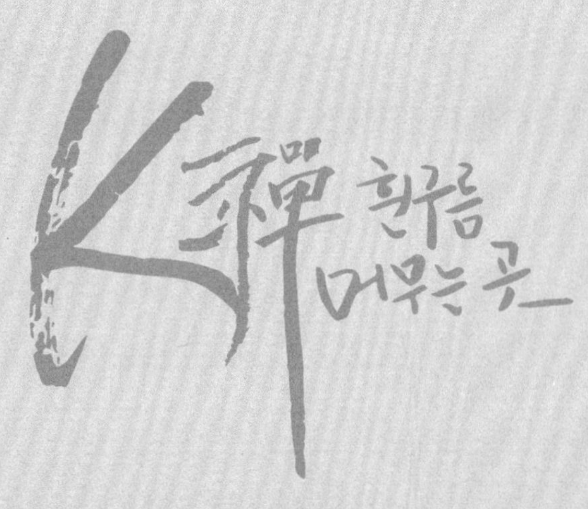

불佛 법法 승僧 삼보 예경은 기본 예의이다

《노장스님》

딱딱한 법회라고 생각하지 마세요.

우리 불교는 너무 경직되어서 긴장하기 쉬운데 그럴 필요 없습니다.

그럼 법회 들어가기 전에 여러분들은 먼저 이걸 아셔야 돼요.

기본 예의는 우리나라 어느 절을 가도 똑같습니다. 먼저 절에 가시게 되면 법당에 삼배를 하고 스님을 만나면 삼배를 하게 되지요. 이것만 잘 지키면 여러분들은 해야 할 의무를 다하는 겁니다.

그렇기 때문에 어느 절에 가서라도 편하게 머물 수 있고, 궁금한 것이 있으면 물으면서 편한 시간을 가질 수 있습니다.

하지만 기본 예의를 못 갖췄을 때는 따로 놀기 시작하면서 뭔가 실수한 것처럼 됩니다. 이렇듯 마땅히 해야 할 도리를 몰라서 안 하게 되면 모르는 죄 때문에 참 불안해지게 되지요.

그래서 여러분들은 이 부분을 익혀두는 것이 좋습니다.

기본 예의는 법당에 삼배하고 스님들을 만났을 때는 주지스님이나 늙은 스님이나 젊은 스님에 상관없이 삼배를 하게 되어있습니다.

'삼보예경'이지요.

이것은 여러분들의 의무입니다.

스님이 꼭 훌륭하고 존경스러워서 보다는 삼보(三寶)에 대한 예의지요.

'불, 법, 승' 세 가지 보배.

신앙의 대상이잖아요.

그러니깐 다 대표성을 띠는 겁니다.

부처님께 절하고 부처님 법에 절하며 스님들께 절하는 것 모두 대표성을 띠는 것이므로 스님께 절하는 것도 삼보 예경입니다.

어느 절에 가더라도 이러한 예의만 지키면 편안하게 머물다가 올 수 있습니다.

그런데 여러분들이 지켜야할 것을 지키지 않으면 불안해져요.

그래서 얼마 못 있게 되고 빨리 오게 됩니다.

무엇 때문이겠습니까?

간단한 기본 예의를 모르는 죄 때문입니다.

모르는 죄가 훨씬 더 무서운 것입니다.

왜냐하면 알면 뉘우침이 있지만 모르면 계속해서 죄를 짓게 되기 때문입니다.

캄캄한 밤에는 대개 두려움을 느끼죠.

그렇죠?

왜 그러냐면 앞에 뭐가 있는지 모르니깐 불안한 것입니다.

모른다는 죄가 이렇게 우리를 주눅 들게 하고 위축되게 만듭니다.

그런데 알고 나면 아무것도 아니잖아요.

모르니깐 불안하고 편하지 않는 겁니다.

자, 어느 사찰에 가시든지 이런 것들은 기본으로 익혀두십시오.

기본 예의입니다.

참고로 스님이 공양을 하고 있거나, 누워 있거나, 아플 때에는 절을 하는 게 아닙니다. 속가에서도 똑같습니다.

또 법회를 하고 있을 때 나중에 오는 사람은 삼배를 하는 것이 맞지 않습니다. 그럴 땐 합장만 하고 앉아서 법문을 다 듣고 난 후에 절을 해도 예의에 어긋나지 않습니다.

오히려 예의를 지킨다는 것이 예의를 깨뜨리게 됩니다.

佛
一切唯心
心即是佛
法僧 一觀

부처님을 만난 사람들이 설법에 곧장 깨치다

《노장스님》

자, 그건 그렇고.

오늘 오신 분들은 거의 다 불자(佛子)이지요?

불교대학을 다니고 있습니까?

일주일에 한 번 가시나요?

《대중》 네. 주에 한 번 갑니다.

《노장스님》 주로 무엇을 배우십니까?

《대중》 (웃음) 하하하.

《노장스님》

거사님 한 번 들어봅시다.

불교대학에서 무엇을 가르치던가요?

《대중》

참된 불자로서의 가장 기본적인 기초교리부터 시작해서 마지막 깨우침까지 배우는데, 그래도 불교대학 입학해서 지금까지 많이 배운다고 배워왔는데 잘 모르겠습니다.

오늘 큰스님 뵙고 좋은 말씀 들으러 왔습니다.

《노장스님》

큰스님이라고 하지 마시오!

보다시피 난 난쟁이 똥자루만 하다우!

《대중》(웃음) 하하하.

《노장스님》

네. 좋은 말씀이십니다. 오늘은 딱딱한 법회라고 생각하지 마시고 편안하게 들으세요.

우리가 보통 첫 발심을 했을 때는 아무것도 모르잖아요. 그래서 먼저 기본예의를 배우게 되고 유치원생처럼 기본교리를 배우게 됩니다.

그런데 그 이전에 정말 중요한 것은 부처님의 일대기를 한번 봐야 해요. 읽어본 적이 있습니까?

부처님을 친견하러 간 사람들은 몇 마디 나누지 않아서 모두 다 깨치죠. 그런 대목이 나옵니다.

부처님을 만나서 몇 마디 대화하다 보면 다 깨치게 되고 혹은 며칠 지나면 누구든지 다 깨치게 되어 있습니다.

그런데 지금은 어떻습니까?

깨쳐 보겠다고 수천 명씩 선방에 가부좌 틀고 앉아 있는데, 깨쳤다는 도인(道人) 소식 들어본 적 있습니까?

왜 없는지 아십니까?

공부 방법이 잘못돼서 그렇습니다.

자, 그럼 우리 정리를 다시 해봅시다.

부처님께서는 우리에게 진정으로 무엇을 가르치고자 하셨는지 먼저 핵심 파악을 해야 됩니다. 그러려면 우리가 왜 공부하려고 하는지 이유가 분명해야 합니다. 여러분들은 그 이유를 분명히 아셨습니까?

왜 부처님 법을 바로 알고 수행해야 하는지를 아셨어요?

자신 있게 말할 수 있습니까?

《대중》 아닌 것 같습니다.

《노장스님》 아니, 절에 한참 다녔다면서요?

《대중》(웃음) 하하하.

《노장스님》

그럼 누가 한 번 자신 있게 말해봅시다.

틀려도 좋습니다.

부처님께서 우리에게 가르치고자 하신 것이 무엇입니까?

거사님 한번 말해보세요.

《대중》

사성제가 대표적이라고 할 수 있습니다.

'고(苦), 집(集), 멸(滅), 도(道)'.

사성제를 바로 알아 불법佛法의 진리를 보다

사성제!

왜 수행을 해야 하는지 그 이유가 분명히 나와 있습니다.

우리 불교는 항상 이런 방법으로 가르칩니다.

먼저 현실을 바로 제시합니다.

지금 이 순간!

현재는 지나간 모든 과거의 결과물로써 지금 나타난 것일 뿐입니다.

여기서부터 시작입니다.

아직 오지 않은 미래는 거론할 필요가 없습니다.

지금부터 우리가 만들어 나가면 되는 거니까요.

지금 이 순간!

그럼 현재는 만족과 불만족 두 가지 아니겠습니까?

사실 만족스럽다면 문제가 안 됩니다.

불만족스러운 것이 문제가 되는 것이지요?

뭔가 내 뜻대로 제대로 되는 것이 없고 행복하지도 않습니다. 전체적으로 봐서는 불완전하다 이런 의미입니다.

살아가면서 뜻대로 안 되는 것이 결국 무엇입니까?

내가 하고자 하는 것들이 제대로 되지 않는다는 것입니다.

4고(四苦), 8고(八苦)라는 것을 들어 본적이 있습니까?

'생(生), 노(老), 병(病), 사(死)'.

누구나 겪을 수밖에 없는 4고(四苦)입니다.

보고 싶은 사람을 못 보는 것.

보기 싫은 사람을 봐야 하는 것.

원하는 것을 다 이룰 수 없는 고통.

갖가지 번뇌 망상의 이러한 삶 자체가 다 고통입니다.

이것이 4고(四苦)에 더해서 8고(八苦)입니다.

그런데 인생 전체를 보면 결국 마지막에는 스트레스만 남게 됩니다. 그것들을 전부 모아서 고(苦)라고 하는 겁니다.

현실이지요.

지금 이 순간이 고통입니다.

물론 고(苦)라고 해서 견딜 수 없는 만큼의 큰 고통만을 이야기 하는 것은 아닙니다. 더하고 덜하고 정도의 차이는 있겠지만 인생 그자체가 고(苦)일 수밖에 없다는 것이지요.

고(苦)!

고(苦)는 어디서 왔느냐?

그것을 밝힌 것이 집(集)입니다.

집(集)은 모든 고(苦)의 원인을 모아놓은 것.

또는 어떤 조건들이 모여서 오늘날의 고(苦)를 만들었다는 의미입니다.

여기서 다시 큰 틀로 정리를 해야 합니다.

그러면 지금의 모든 현실을 결과라고 합시다.

미래에 일어날 것은 지금 우리가 만들어 가는 것이니 거론할 필요가 없는 것이죠.

고(苦)!

고(苦)의 원인을 밝혀내면 어떻게 되느냐?

바로 해결책이 나오겠죠?

우리가 해결하지 못하는 것은 그 원인을 몰라서 해결을 못하는 겁니다.

병원에 가서도 역시 마찬가지입니다.

병의 원인을 알아야 고칠 수가 있거든요.

부처님께서 말씀하시기를,

"나는 중생들의 병을 고칠 수 있는 약을 모두 마련해 놓았다. 하지만 내 말을 신뢰하고서 먹고 안 먹고는 그대들 몫이지 나의 몫은 아니다. 나를 믿지 않고서 약을 먹지 않는 것은 더 이상 어떻게 해 줄 방법이 없지 않느냐?"

이런 이야기가 있습니다.

자, 그럼 원인을 한번 살펴봅시다.

원인을 알았는데 왜 해결이 안 되겠습니까?

그것은 원인을 정확하게 파악하지 못했기 때문입니다.

우선 원인이 먼저 파악 되어야 해결책이 나오고, 그 파악된 원인을 따라서 그것을 해결하려는 모든 일체 행위를 일러서 수행이라고 합니다.

수행을 통해서 본래의 모습으로 돌아가는 것.

지금의 고(苦)를 있게 한 원인을 제거함으로써 결국 우리가 가장 원하던 스스로 주인 되는 안락한 자리에 되돌아와서 안심입명(安心立命) 하는 것. 그것을 열반(涅槃)이라 합니다.

열반이란 말 자체는 번뇌, 망상의 뿌리를 완전히 뽑아서 제거했다는 뜻이거든요. 고(苦)를 일으킨 원인이 되는 번뇌와 망상을 다 뽑아서 완전히 제거하는 것이 바로 열반입니다.

부처님께서는 번뇌와 망상을 이렇게 비유하셨습니다.

'불꽃'.

불이 일어나는데 필요한 불쏘시개와 불이 탈 수 있는 재료 자체를 다 없애 치우기 때문에 불이 일어날 근거가 사라져 버린 거예요. 번뇌와 망상이 일어날 수 있는 조건과 원인을 완전히 뿌리 뽑아서 제거해 버린다는 뜻입니다.

번뇌와 망상을 완전히 제거함으로써 우리가 본래 가지고 있는 심성(心性)에 절대 안정으로 들어가서 자유인이 되는 것입니다.

고(苦)는 현실입니다.

현실의 고(苦)를 있게 하는 원인이 되는 것이 집(集)이고요.

그런 후 그 원인을 파악해서 알맞게 해결책을 제시하는 겁니다.

원인을 완전히 뿌리 뽑는 것.

바로 멸(滅)이지요.

그리고 다시 그 해결책을 따라서 고(苦)가 되는 원인을 제거하는 행위를 수행이라 하는데, 바로 도(道)입니다.

이렇게 목적을 이루어 본래 성취하고자 했던 최상의 안락함을 누리고 자유인이 되는 이 자리를 우리는 구경열반(究竟涅槃)이라 합니다.

『고 · 집 · 멸 · 도(苦集滅道)』.

불교의 핵심은 이처럼 아주 과학적이고 합리적으로 되어 있습니다.

미신적인 요소나 애매모호한 것은 전혀 없습니다.

불교는 바르게 알고 믿는 종교이지 맹목적이지 않다

과학과 문명이 발달한 21세기에 살아남을 수 있는 종교는 우리 불교밖에 없습니다.

'확실하게 알 수 없고 애매모호한 것은 신의 뜻이니 무조건 믿어라.'

이러한 맹목적인 것은 우리 불교에는 없습니다.

우리 불교는 정확하게 알고 난 후 믿는 종교입니다.

'모르겠으면 일단 무조건 믿어라.'

그렇게 맹목적으로 믿음을 강요하는 그런 것이 절대 아닙니다. 먼저 교리를 알고 난 후 방향을 바로 잡아서 생활 속에서 완성하는 것이지요.

보통 크게 두 가지 부류로 나뉩니다.

처음에 아무것도 잘 모르고 그냥 불교가 좋아서 배우려 할 때는 기초교리를 정확히 알아야 합니다.

하지만 발심이 이미 되어서 오신 분들 중에는 기초 단계를 뛰어넘는 경우도 있습니다.

'고통의 근본은 무엇인가?'
'과연 나는 어떠한 존재인가?'

이렇게 준비되어서 오신 분들은 대학원 수준이라고 할 수 있습니다. 그런 사람은 자기 본래 성품을 바로 볼 수 있게 해서 직행할 수 있도록 해야 해요.

그리고 이 수준까지 안 되는 사람은 기초교리를 통해서 유치원생처럼 하나하나 가르쳐야 합니다.

인생을 살면서 '쓴맛, 단맛' 다 본 사람들이 있습니다.

'아! 정말 나의 근원을 찾아서 본래성품을 바로 보고 부처님처럼 성불(成佛) 해야지.'

이런 마음을 갖춘 사람들은 기초교리가 반드시 필요한 것은 아닙니다. 기초교리는 이런 마음의 조건을 갖출 수 있도록 발심을 시키는 역할입니다. 이미 발심이 된 사람은 이런 기초과정을 뛰어넘는 높은 수준이라고 할 수 있지요.

이처럼 이미 발심이 되었기 때문에 필요한 부분만 짚어서 바로 눈을 뜨게 해 줄 수 있는 경우를 옛 부터 대근기(大根器)라고 했습니다. 이처럼 발심해 온 사람들은 기초교리가 필요 없겠지요.

발심이 된 분들은 나름대로 내면의 자아를 찾기 위해 무던히 노력을 해왔고 인생을 살면서 정말 극심한 고통을 겪어 본 분들입니다. 하지만 대부분은 기초교리부터 하나씩 가르쳐야 하는 경우가 많습니다.

발심이 된 사람은 곧장 깨칠 수 있다

발심이 된 사람들은 바로 깨칠 수 있게 해줘야 합니다.

준비된 사람은 바로 깨칠 수 있습니다.

그런데 이미 발심이 된 사람들과 아직 준비가 되지 않은 사람들이 다양하게 섞여 있는데 전부 한꺼번에 모아놓고서 기초 교리만 가르치는 것은 대학원 수준의 사람을 유치원 수준부터 가르치는 꼴입니다.

전부 모아놓고 일률적인 한 가지 방법만으로 가르치는 것은 좋은 방법이 아닙니다.

수백 수천 명의 사람들에게 옛 조사스님들의 화두만을 던져주며 참구하라고 하는 그런 낡아빠진 방법으로는 현대인들 수준을 따라갈 수가 없는 것입니다.

이 공부는 각 수준에 맞춰서 가르쳐야 하지요.

발심이 된 사람은 핵심만 일러줘서 바로 눈을 뜰 수 있게 해야 하는 겁니다.

여러분들은 여러 절에서 공부 해보셨지요?

어느 수준까지 가르쳐 주던가요?

《대중》 각 기수별로 기초부터 단계별로 배우고 있습니다.

그래서 수십 년을 배웠지만 끝이 없는 것 같아요.

《노장스님》

부처님 법은 교리가 그렇게 많은 것은 아닙니다.

우선 핵심을 파악하는 것이 중요하거든요.

처음 법회 시작할 때 노장이 여러분들께 물었습니다.

'부처님 법은 무엇입니까?'

《대중》 자비심입니다.

《노장스님》 뭐라고요? 자비심이라고?

《대중》 (웃음) 하하하.

《노장스님》

자비심. 아주 좋은 말입니다.

인생을 살면서 많은 일들이 일어나는데, 항상 중심 되는 핵심 부분이 있습니다.

그 핵심이 무엇이겠습니까?

살면서 생기는 모든 일들은 결국 자기 자신을 기준으로 발생한다는 겁니다.

각자 인생은 자기 자신으로부터 시작해서 만들어지는 겁니다. 부처님께서는 바로 이 핵심을 알려주신 겁니다.

'나는 누구인가?'
'나는 어디서 왔는가?'
'나는 어디로 가는가?'

불교의 핵심은 바로 이것으로부터 시작해서 이것을 바로 아는 것이 완성입니다.

핵심은 이것뿐입니다.

앞서 말한 모든 것들이 결국 이것에 대해 관심을 일으키지 못한 사람들과 의문을 일으켰더라도 어떻게 시작해야 하는지를 모르는 사람들을 위해서 단계를 밟아 기초과정을 거쳐서 발심을 시키는 것입니다.

'나는 누구인가?'
'나는 어디서 왔는가?'
'나는 어디로 가는가?'

여기까지 이미 발심이 된 사람한테는 그런 기초과정이 필요 없습니다.

이런 사람들은 바로 본성(本性)을 알려주고 깨칠 수 있게 해야 됩니다.

물론 여기까지 발심이 되었다는 것은 깊은 내면의 성찰이 있었거나 인생의 큰 우여곡절을 겪어야만 가능한 것입니다.

지금 여러분들께서는 이런 발심이 되었는지 묻는 겁니다.

여기 노장이 이렇게 계속 떠들었던 것이 바로 이것을 확인하기 위해서 입니다.

다들 자신 있습니까?

《대중》 (웃음) 하하하.

견성見性을 해야만 비로소 수행의 첫 시작이다

《노장스님》

여러분들,

사성제, 삼법인, 팔정도 이러한 기본 교리를 많이 들어보셨을 겁니다.

대승경전의 금강경, 화엄경, 법화경은 일반인들이 그냥 읽어서는 모릅니다. 이러한 대승경전은 자기 본성(本性)을 바로 알고 깨친 후에 보는 경전입니다.

깨치지 않고서는 스스로의 알음알이에 빠져서 제멋대로 해석하는데 제대로 읽을 수가 있겠습니까?

깨친 사람이 봐야만 대승경전에서 부처님께서 무엇을 말씀하신 것인지 알 수 있고 스스로의 보배를 바로 알아 쓸 수 있습니다.

자, 금강경을 한번 보면, 처음에 부처님께서 공양을 마치신 후 자리를 펴고 앉는데, 그때 수보리가 부처님께 여쭙습니다.

『"희유하십니다. 부처님이시여.

아뇩다라삼먁삼보리심을 일으킨 선남자, 선여인은 깨달은 마음을 어떻게 머물러야 하고 번뇌와 망상을 어떻게 항복 받아야 하겠습니까?"』

여기서 잘 보면 깨달은 마음이라고 했습니다.

중생의 미혹된 마음이 아니고 깨달은 마음을 머무는 법을 여쭌 겁니다.

금강경은 바로 깨친 사람을 대상으로 상(相)에 머물지 않는 법을 끊임없이 설하신 겁니다.

그런데 이론으로만 알아서는 스스로의 것이 안 됩니다.

이론으로는 경전의 내용을 알 수가 없습니다.

대승경전은 자기 자성(自性)을 본 후, 견성(見性)한 다음이라야만 해당이 되는 거예요.

여기서 견성이라고 하니까 자기 본성을 찾아서 보려고 하는데, 이것은 스스로 쓰고 있는 작용을 바로 아는 것이지 수행을 통해 찾는 것이 아닙니다.

그래서 부처님께서는 아라한과를 얻은 사람들, 성자의 길에 든 사람들, 아직까지 번뇌 망상은 남아 있을지라도 자성(自性)은 이미 깨친 사람들을 상대로 화엄경, 법화경, 금강경을 설한 것입니다.

사실 대승경전은 아직 자성을 깨치지도 못하고 교리도 정립이 안 된 사람들한테는 해당이 안 되는 겁니다.

노장은 바로 이것을 지적하는 겁니다.

부처님 교리는 사성제가 핵심입니다.

사실 사성제만 바로 알면 발심부터 완성까지 이룰 수 있습니다.

'고(苦)는 무엇이고 원인은 무엇인가?'

'고(苦)의 원인을 제거해서 바른 생활을 통해 완성하는 것.'

발심부터 완성까지 부족함이 전혀 없습니다.

먼저 고(苦)를 바로 알고, 그 원인을 찾아 제거함으로써 본래 자성의 자리로 되돌아가는 것이에요.

핵심은 자성으로 돌아와 구경열반을 이루는데 목적이 있는 겁니다.

초기경전에서 부처님을 처음 만나는 사람들은 사실 이미 준비가 다 된 사람들입니다. 그렇기에 많은 시간 필요 없이 몇 마디 나누고서 바로 다 깨치게 되는 겁니다.

자, 여기까지 잘 생각해 보십시오.

기초교리는 아직 발심이 안 된 사람들을 위해서 필요한 거지요? 준비 되고 발심이 된 사람한테는 기초교리가 필요 없습니다.

여러분, 여기서 어떤 것을 느낍니까?

무언가 좀 미흡하다고 생각되지 않으십니까?

지금까지 해왔던 공부라는 것들이 끊임없이 이론을 통해 논리를 세우는 것 밖에 없지 않았습니까?

스스로 깨칠 수 있는 길은 하나도 제시가 안 되어 있잖아요. 이것이 요즘 우리 불교의 현 주소입니다.

우리 불법(佛法)은 먼저 견성(見性)을 하고 난 후에 생활 속에서 완성해 나가는 겁니다.

'나는 누구인가?'를 바로 깨치고 난 후부터 완성해 나가는 것이에요.

쉽게 예를 들어보겠습니다.

'서울을 가야 합니다.'

먼저 서울을 가려면 어느 방향으로 어떻게 가야 하는지 아는 것이 필요하겠지요?

그런데 서울이 어느 방향인지도 모르고, 무엇을 타고 가야 하는지도 모르면서 무턱대고 집을 나서 길을 떠나는 것이 요즘 우리 불교의 모습과 똑같습니다. 마냥 선방에 가부좌 틀고 앉아서 수행하고 있는 현실이 바로 이런 모양입니다.

도대체 뭘 하고 있는 겁니까?

기초교리를 통해서 발심이 된 후에는 이론으로 흘러서는 안 됩니다.

발심이 되고 나면 본성(本性)을 바로 봐서 곧장 깨침으로 들어가야 합니다.

깨친 다음에 금강경, 법화경, 화엄경을 읽는 거예요.

깨치지 못하고 경전을 아무리 읽어봐야 다 자기 이론에 맞춘 알음알이 밖에 안 됩니다.

자, 여러분.

이제부터라도 우리는 바로 알고 공부를 해야 합니다.

서울을 가는 것이 목적이라면 어느 방향으로 어떻게 가야 하는지를 먼저 알아야 하는 것입니다.

여러분들은 모두 이것을 아직 정확하게 모르는 것이지요?

'어디로 가야 하는가?'

'어떻게 가야 하는가?'

반드시 견성(見性)을 먼저 하는 것이 수행의 첫 시작임을 명심하십시오.

견성見性!
깨침은 누구나 할 수 있는
보편적 진리이다

만약 견성(見性), 깨침이 너무 멀리 있고 보편적인 것이 아니라서 아무나 할 수 없는 것이라면 지금까지 했던 많은 이야기들은 모두 쓸데없는 것입니다.

자, 여러분들.

인생의 모든 우여곡절들은 각자 그대들이 지금 이 자리, 여기서부터 시작 돼서 만들어 지는 스스로의 것들입니다.

가장 중요한 이 사실을 내팽개쳐 두고 경전과 교리를 아무리 배워봐야 남는 것이 뭐 있겠습니까?

아무리 배워봐야 이론일 뿐이에요.

전부 그럴 듯한 말장난 밖에 안 됩니다.

부처님 일대기를 잘 살펴보면 다 드러납니다.

첫 번째, 발심이 이미 된 사람들은 부처님을 만나자마자 전부 바로 깨칩니다.

두 번째, 인생을 살면서 극심한 고(苦)를 겪긴 했지만 아직 바른 지혜가 없어서 헤매는 사람들을 위해 사성제와 팔정도, 삼법인을 통해서 발심을 시킵니다.

발심(發心)!

자성(自性)을 바로 볼 수 있는 마음을 일으키도록 동기부여를 통해 자극을 주는 것입니다.

여러분들은 모두 발심이 되었습니까?

스스로 생각해 보세요.

끊임없이 이론과 교리만 배워 지식만 늘리겠다는 그런 수준은 아니지요? 결국 경전을 배우면서도 전부 이론이었을 뿐 정말 자기 것은 하나도 없었지요?

깨치지 못하면 이론밖에 안됩니다.

깨쳐야만 완전한 자기 보물이 됩니다.

여기 이 노장도 절 집에 들어 온 지가 벌써 반세기 50년이 넘었는데 처음에는 여러분들과 똑같았습니다.

30년이 지나서야 비로소 다시 점검을 한 거예요.

'이게 뭔가?'

깨침의 이론이 이렇게 많고, 복잡한 것인가?

어디가 골격이고 무엇이 곁가지인지 그냥 배워서는 도무지 알 수가 없었습니다. 그냥 무조건 가부좌 틀고 앉는 거 외엔 누구 하나 제대로 알려주지도 않았습니다. 죽을 힘을 다해 앉다 보면 깨칠 것이라는 막연한 기대밖엔 없었지요.

여러분, 부처님 가르침을 왜 믿어야 합니까?

왜 믿어야 하고 어떻게 수행해야 하는지를 밝혀놓은 것이 사성제입니다.

사성제!

사성제만 바로 알면 불법의 핵심을 알 수가 있습니다.

왜 수행을 해야 하는지의 이유가 이치에 맞게 분명하게 나오지요.

부처님 당시에는 기초교리를 통해서 사람들 수준에 맞게 설명을 하셨기 때문에 방식이 각기 다 달랐습니다.

각자의 수준에 따라 가르치신 것을 대기설법이라고 하지요.

대기설법(對機說法)!

각자 수준에 맞는 가르침을 통해서 설법 그 자리에서 모두 바로 깨치게 하셨어요.

요즘 현대 불교 수준은 그냥 가르치면 가르치는 데로, 모르면 모르는 데로 넘어 가는 것이 일반적이잖아요.

진정으로 자기가 자기 자신에 대해 책임져야 합니다.

스스로가 자기 인생에 참 주인공이다!

이 주인공은 절대 남이 대신해줄 수 없다!

이 주인공을 바로 알아야한다!

주인공이 과연 무엇이냐?

여기까지 생각해보신 적이 있습니까?

《대중》 없는 것 같습니다.

그럼 불교를 왜 배웠습니까? 뭣 하러 배웠냐고?

《대중》 웃음. 하하하.

불교의 기초교리는 바로 여기까지 인도하는 것입니다.

인생을 살면서 발생하는 모든 일은 스스로 지어서 스스로 되돌려 받는 것입니다.

인과응보(因果應報)!

많은 사람들은 스스로 짓고 스스로 되돌려 받는다는 것을 알긴 압니다. 알긴 알지만 현재의 맘에 들지 않는 생활이 되풀이 되면서 받아들이지를 못하는 겁니다.

왜 알면서도 받아들이지 못하겠습니까?

이론으로만 알고 생활에 적용시킬 수 있는 지혜가 없기 때문입니다.

'스스로 짓고 스스로 짓는 만큼 되돌려 받는다.'

먼저 스스로가 무엇인지 알아야 하지 않겠습니까?

자기 자신이 무엇인지를 확실히 알아야만 해결책이 나오겠지요? 왜 여기까지 못 들어가고 관심이 없었느냐 이 말입니다.

'나는 누구인가?'

'나는 무엇인가?'

여기까지 들어왔어야 되지 않겠습니까?

이것은 정말 어려운 것이 아닙니다.

자기 인생에 정말 진지한 책임감이 있는 사람은 무조건 다 깨칠 수 있게 되어있습니다.

그런데 그것은 임자를 만나야 됩니다.

혼자서는 거의 불가능합니다.

부처님께서 다 일러주셨지만 다시 선지식의 인도를 받아야 가능합니다.

유위법과 무위법을 통해 지혜의 문門으로 들어가다

그냥 저절로 되는 공부는 없습니다.

발심이 안 된 사람은 발심할 수 있도록 동기부여를 해주고 발심이 된 사람은 자성을 바로 보여서 깨치게 할 수 있는 인도자를 만나야 합니다.

'스스로 짓는 것은 스스로 되돌려 받는다.'

이런 이치에 겨우 머물러서 그 이상 알아보겠다고 하지 않으면 방법이 없습니다.

'좋은 일 하면 좋은 과보 받고, 나쁜 일 하면 나쁜 과보 받는다.'고 하니깐 좋은 일 해서 복을 누려야지 하는 정도면 더 이상 방법은 없는 거지요.

부처님께서 분명히 말씀하셨습니다.

유위법과 무위법 들어봤지요?

유위법(有爲法)이 뭡니까?

'나쁜 일하면 나쁜 과보를 받고 좋은 일하면 좋은 과보를 받는 것.'

아무리 좋은 과보와 나쁜 과보라도 끝나는 날이 있겠지요?

끝이 없는 지옥에 떨어진다 하더라도 끝날 때가 있는 것입니다.

좋은 과보 또한 마찬가지에요. 셀 수 없는 선업(善業)을 쌓아 좋은 과보를 받는다 해도 끝날 날이 있는 겁니다.

아무리 좋은 일을 많이 해서 천상의 복을 누린다고 해도 끝날 날이 있다고!

'유위법은 한정적입니다.'

영구적인 것은 없습니다.

그런데 우리는 무엇을 원합니까?

좋은 과보를 받고 싶지 나쁜 과보는 받기 싫지요?

그래서 여러분들은 선업을 많이 쌓아서 좋은 과보를 받는데 궁극적인 목적을 두시겠습니까?

부처님 말씀에,

'좋은 일을 많이 해서 천상의 복을 한없이 누린다고 해도 반드시 끝이 있다'고 분명히 하셨습니다.

한정적입니다.

영구적인 것은 없습니다.

조작된 것입니다.

유위라는 것은 여러 인연들이 함께 모여서 만들어진 조작이라는 뜻입니다. 선업을 쌓아서 선한 과보를 받는 것은 결국 여러 인연이 만들어낸 조작인 것입니다. 조작된 것은 모여서 만들어졌기 때문에 반드시 생성과 소멸을 반복할 수밖에 없습니다.

무위법(無爲法)!

두 가지로 설명할 수 있어요.

무위법은 무수한 세월이 흐르도록 쓰더라도 다함이 없는 것입니다.

항상 존재하는 진리인 것이죠.

그리고 본래부터 그렇게 될 수밖에 없다는 것입니다.

이것은 인연의 화합으로 만들어진 조작이 아니기 때문이지요.

'본래부터 이와 같고 이와 같다.'

말로 표현하기 좀 애매하지만 이 두 가지에 속하는 것입니다.

자, 본래부터 이와 같고 이와 같은 것이 무엇입니까

무위법은 본래의 모습이 '이와 같고 이와 같은 것'이라고 했습니다.

'조작되지 않는 것.'

조작되지 않는 법을 한번 생각해 봅시다.

그럼 우선 어떤 것이 조작된 것인지 한번 살펴볼까요?

자, 조작 되었다는 것은 인위적인 겁니다.

자의든 타의든 관계없이 여러 가지가 모여 조건 지워져서 만들어진 겁니다. 선업을 지으면 복을 누리는 것이 바로 선한 일이라는 조건을 따라 복을 받는 조작인 것이지요. 이러한 것은 영구적인 것이 못되요.

선한 일의 조건이 다하면 복 또한 소멸하고 마는 겁니다.

그럼 해, 달, 별, 우리 눈에 보이는 모든 우주 삼라만상은 어떻습니까? 어느 것 하나라도 영구적인 것이 있습니까?

영구적인 것이 없지요.

과학적으로도 해, 달, 별들의 수명은 백억 년 정도 된다고 밝혀졌습니다. 우주의 나이로 따지면 이 또한 그냥 눈 깜짝 할 새죠. 우리 인간의 수명에 비하면 상상할 수 없을 만큼 엄청나게 긴 시간이지만요. 이렇게 끊임없이 만들어지고 없어지는 것이 되풀이 되면서 반복되고 있는 중입니다. 우주 전체가 끊임없이 생멸(生滅)을 반복하면서 계속 회전하는 것이지요.

그렇기에 드러나 있는 물리적 세계와 우리가 감각으로써 느낄 수 있는 모든 대상들은 유위법입니다. 즉 조건 지워져서 만들어진 결과물 밖에 안 되기 때문에 영구적인 것은 하나도 없는 것이에요.

몸뚱이가 70년 된 사람은 70년 전에는 없었잖아요. 그러니깐 70년 전에는 없던 사람이 생겨난 거니깐 반드시 사라지게 되어있죠.

없어지지 않으려면 원래 생긴 적이 없어야만 없어지지 않습니다.

이건 우주의 법칙입니다.

이 세상에 우리가 눈으로 볼 수 있는 모든 것은 영구적인 것이 하나도 없습니다.

삼법인三法印으로 해탈解脫을 증득하다

여러분들 삼법인을 들어본 적 있습니까?

'삼법인(三法印)'

《대중》: 제행무상(諸行無常)입니다.

《노장스님》 그것이 무슨 뜻입니까?

《대중》 항상 하지 않는 것.

《노장스님》 무엇이 항상 하지 않는다는 말인가요?

자, 그 다음에 두 번째 무엇입니까?

《대중》 제법무아(諸法無我).

《노장스님》

'제법무아'의 법이라 함은 삼라만상을 통틀어 조건 지워져서 만들어진 모든 현상 일체를 말하는 겁니다.

또는 깨달음의 요체를 말할 때도 법이라 하는데 다르게 쓰입니다.

제행무상(諸行無常)은 무엇이냐?

조건 지워져서 만들어진 일체 모든 것은 영구적인 것이 하나도 없다는 것입니다. 현상체는 전부 그렇게 되어 있습니다.

현상체 전체와 물리적 세계를 통틀어서 법이라고 부르지요.

조금 더 세밀하게 들어가면 색법(色法)이라고 합니다.

빛 색(色).

오온을 설명할 때 색(色), 수(受), 상(想), 행(行), 식(識)이란 말을 사용하지요.

색(色)은 무엇인가?

객관적인 세계 전체 즉 물리적 세계를 통틀어 말하는 거예요.

'인식되는 모든 객관적인 세계.'

이것이 색(色)입니다.

왜 색이라고 불렀겠습니까?

빛 색(色)자를 붙인 이유가 있습니다.

생겨난 모든 것은 각자 고유의 자기 색깔을 갖고 있습니다. 물리적 대상은 각자 자기 색깔을 가지고 있기 때문이지요. 그렇기 때문에 통틀어서 색(色)이라 하는 거예요. 만들어진 물리적 대상은 모두 각자 자기 색깔이 있습니다. 그래야 구분이 되지요?

돌멩이, 나무, 꽃 등.

이와 같이 물리적으로 만들어진 한정된 유위법 세계를 통틀어서 색(色)이라고 합니다.

제법무아(諸法無我)!

이것도 역시 유위법에 속하겠죠?

《물독을 톡! 톡! 두드리면서》

이것도 역시 영구적인 것 같지만 해체 과정에 있습니다.

영구적인 것은 없어요.

이 물독은 몇 가지로 만들어졌습니까?

물, 흙 등에 열을 가해서 만들어진 이것은 영구적인 것이 아니에요. 진행 과정에 있는 겁니다. 시간이 지나면 흔적도 없이 사라집니다. 이러한 이치로 보면 물독이라는 존재를 실제적으로 찾아볼 수 있겠어요?

이렇게 만들어 놓고서 우리가 '물독'이라 부르자고 약속된 구호일 뿐이지요. '물독'이라는 실체적 자아는 없잖아요.

일체 모든 것이 다 이와 같습니다.

'제법무아, 모두 이와 같습니다.'

여기서'물독'이라는 것은 임시로 가합(加合)된 것이기 때문에 해체 과정에 있는 겁니다.

영구적으로 존재하는 '나'라는 것은 하나도 없습니다.

여러분들 몸뚱이도 똑같지요.

'나'라는 것을 찾아볼 수 없습니다.

자, 다른 잡다한 말은 다 빼버리고 핵심만 다시 이야기 합니다.

지금 말하고 있고, 듣고 있는 것은 무엇이 합니까?

'내가 하는 것입니까?'

한번 잘 생각해보세요.

'지금 보고 듣는 것'은 내가 하는 것이라고 할 수는 있지만, '나'라는 생각은 바로 사라져 버리지요?

내가 보고 듣는 것처럼 생각되지만 '나'라는 생각을 일으킬 때의 '나'는 계속해서 있어 온 것인지, 아니면 생각을 일으키는 순간 '나'는 계속 있어온 존재라고 착각을 하는 것은 아닌지 잘 살펴봐야 합니다.

'나'라는 생각 자체는 결국 다 사라져 버립니다.

'나'라는 것을 어디서 찾을 수 있겠습니까?

찾을 수 없겠지요. 못 찾을 겁니다.

나,
어디에서 왔는가?
어디에서 생겼는가?

제행무상!

제법무아!

모든 삼라만상은 왜 영구적이지 못하느냐?

인위적이든 자연적이든 전부 임시로 가합(加合)된 것이기 때문입니다. 연(緣)이 모여서. 그렇기 때문에 조건 자체가 끊임없이 변할 수밖에 없는 것입니다.

물리적 세계는 아무리 분석해서 파고 들어가고 또 들어가 봐도 그 자체가 독립된 자기 자아라는 것을 하나도 가지고 있지 않습니다. 모여서 그렇게 존재 하는 것처럼 보일 뿐이지요.

그렇기 때문에 그것을 보완 설명하는 것이 제행무상이고, 제법무아는 감각으로 느낄 수 있는 그 어떤 대상이라도 독립적인 자아를 가지고 있지 못하다는 것입니다. 전부 임시로 조합되어서 해체되는 과정에 있기 때문에 영구적인 자아는 있을 수 없습니다.

여기서 '자아'라는 것은 영구적이고 지속적이며 생멸(生滅)할 수 없는 존재, 즉 사라지지 않는 것, 이렇게 이해를 해야 됩니다. 제법무아에서 '자아'는 완전한 것을 가리키는 거예요.

그래서 물리적 세계에서는 완전한 것이 하나도 없기에 의지할 수 있고 붙잡을 수 있는 것이 하나도 없다는 겁니다.

유위법은 이처럼 의지할만한 것이 못되는 허망한 것이니 사라지지 않고 영구적이며 생멸하지 않는 것을 찾으면 바로 그것이 무위법이지 않겠습니까?

제행무상, 제법무아, 이 두 가지에 해당되지 않는 것.

이 두 가지에 해당 안 되는 것이 무엇이겠습니까?

《대중》 허 공

《노장스님》 네? 허공이라고?

"허공을 이리 가져와 보세요! 가져올 수 있겠습니까?"

그것도 우리가 생각해 놓은 관념이에요.

생각으로 그려낸 자기 그림입니다.

각자의 그림이 다 다릅니다. 허공이라고 하지만 각자가 생각하는 허공은 다 다르겠지요? 객관적으로 이것이 허공이라고 할 만한 것이 어디에 있습니까? 전부 각자 가지고 있는 관념일 뿐이지요.

자 그러면 한 번 봅시다.

완전한 것이 곧 무위법이라고 할 수 있습니다.

'어디서 온 것도 아니고 사라질 수도 없는 영구적인 것,'
'생겨날 수도 없고 소멸할 수 없는 것.'

여기에 해당 되어야 합니다.

그래야만 우리가 무위법이라고 할 수 있잖아요.

자, 그럼 여기에 해당되는 것이 있는지 한번 잘 생각해 보세요. 잠시 여유를 줄 테니깐.

《생각의 시간…》

진정한 자아라고 할 수 있는 것.

참으로 변할 수 없는 것.

영구적인 존재가 있습니까?

그것을 찾아낼 수 있다는 것은 정말 대단한 겁니다.

이 세상 아무리 훌륭한 사람도 그것을 찾아내기는 정말 쉽지 않습니다.

《대중》 없는 것 같습니다.

《노장스님》 없지요? 없습니다.

그래요. 그럼 없다고 해봅시다.

(죽비) 탁!
완전한 존재를 바로 보이다

자. 주목하세요.

이것을 보고 난 후에도 없다는 말을 할 수 있나 봅시다.

자 보세요.

《노장스님》 (죽비) 탁!

들었어요? 들었습니까?

《대중》 네. 들었습니다.

《노장스님》 이 소리는 어디서 납니까?

《대중》 침묵.

(잠시 시간이 흐른 뒤) 스님께서 죽비를 쳤으니까요.

《노장스님》 아! 죽비를 치니까 소리가 들렸다?

그럼 듣는 건 어디서 들었어요?

《대중》 귀로 들었습니다.

《노장스님》 그럼 누가 이것을 들은 겁니까?

《대중》 제 자신이요.

《노장스님》 (죽비) 탁!

자, 이것은 들으려고 해서 들은 겁니까?

《대중》 웅성웅성.

《노장스님》 들으려고 해서 들린 것이 아니지요?

소리가 나니깐 그냥 들렸죠.

(죽비) 탁!

그렇다면 들으려고 해서 들린 것이 아니라면 어떻게 된 겁니까?

죽비소리가 탁! 나니깐 그냥 들려 버렸지요?

들으려고 하지는 않았는데 그냥 들려 버렸습니다.

그런데 이것도 소리가 나지 않으면 들을 수 없지요?

자, 여러분.

무엇을 통해 들었습니까?

바로 귀, 이근(耳根)입니다.

이근(耳根) 작용이라고 하지요.

이식(耳識)이라고 합니다.

자, 또 다시 보세요.

(죽비를 들어 보인다!)

보이지요?

이것은 뭡니까?

눈, 안근(眼根)입니다.

안근(眼根)작용.

안식(眼識)입니다.

이것도 역시 보려고 해서 본 것이 아니라 그냥 보였지요?

이 두 가지만 놓고 한번 봅시다.

(죽비를 들어 보인다!)

죽비는 눈에 나타나니까 그냥 보였지요?

(죽비를 치며) 탁!

그냥 들렸지요?

여기에서 그냥 볼 수 있고 그냥 들을 수 있는 이 기능은 누가 준 겁니까?

자신 있게 한번 말씀해 보세요.

《대중》 부모님께서 주신 겁니다.

《노장스님》 부모님이 준 것은 몸뚱이지요.

《대중》 마음인 것 같습니다.

《노장스님》 마음이 어디에 있습니까?

지금 마음이라는 이름을 그냥 붙였을 뿐이지요?

마음이라고 안 붙이면 뭐라고 부르겠어요?

마음이라는 것은 방금 그대가 붙인 이름일 뿐입니다.

그러면 마음이라고 안 부르면 그것이 마음이 아닙니까?

마음이라는 것을 붙이기 전에 보고 듣고 하는 이 작용을 누가 준거냐고 묻는 겁니다.

몸뚱이는 부모님을 통해 왔다고 하지만, 이것은 누가 언제 준겁니까?

《대중》 모르겠어요. (웃음) 하하하.

《노장스님》 자, 그럼 다시 하나 물어봅시다.

그러면 이 기능을 누가 준 것이 맞습니까?

죽비를 들어 보이면 바로 볼 수 있고, 탁! 치면 들을 수 있는 이 기능을 말하는 겁니다.

《대중》 내 자신입니다.

《노장스님》 내 자신이 줬다고?

누가 줬다고 생각합니까?

도대체 이 기능을 누구 준거냐고요?

《대중》 자연스럽게 그냥 들리고 그냥 봤을 뿐입니다.

《노장스님》 자, 진지하게 한번 생각해 보세요.

한번도 생각해본 적 없지요?

《대중》 네. 사실 한 번도 없습니다.

《노장스님》 눈에 드러나면 바로 볼 수 있고, 탁! 치면 바로 들을 수 있는 이 기능을 누가 준 거냐고 물었습니다.

누가 준 것이 아니면 어디서 얻어왔습니까?

얻어온 것 같지는 않지요?

본래부터 그랬던 것 같지요?

그럼 누구한테 얻어온 것은 아니군요. 그렇지요?

그러면 본래부터 그랬었던 것이 맞나 보네요.

하여튼 그렇다고 합시다.

그럼 본래부터 이와 같은 것을 누가 빼앗아 갈 수 있겠습니까? 누가 가져갈 수 있겠냐고 묻는 겁니다.

가져갈 수도 없겠지요.

그냥 눈에 닿으면 보는 작용이 바로 일어났을 뿐이지요.

또 이렇게 죽비를 탁! 치면 손바닥에 부딪쳐 소리가 나니깐 바로 들린 것뿐입니다.

가장 소중한 보배는 지금 쓰고 있는 이 작용이다

『안(眼), 이(耳), 비(鼻), 설(舌), 신(身)』.

다섯 가지 감각기관이 있습니다.

그리고 의(意)라는 것은 옳고 그름을 분간할 수 있는 것입니다.

이렇게 다섯 가지 감각 기관과 의(意)를 육근(六根)이라고 합니다.

감각 기관을 통해 받아들이는 것, 육식(六識)이지요.

육식(六識)은 몸뚱이를 통해서 반응하지만 몸뚱이 혼자 하는 것은 절대 아니죠.

몸뚱이 혼자 반응하는 것이라고 하면 차디 찬 송장도 반응을 해야 하는 것이지요.

눈에 닿으면 볼 수 있고,

귀에 닿으면 들을 수 있고,

코에 닿으면 냄새 맡을 수 있고,

혀에 닿으면 맛을 느낄 수 있고,

몸에 닿으면 촉감을 느낄 수 있다.

이 기능은 누가 준 것입니까?

준 것이 아니라면 어디서 왔다고 생각합니까?

이것이 어디서 생긴 것 같습니까?

어디서 생겨난 것 같지는 않지요?

누가 준 것이 아님은 틀림없지요?

그러면 뺏어 갈 수도 없는 게 맞습니까?

이것은 누가 빼앗아 갈 수 없습니다.

그럼 피곤해서 잠을 푹 자고 일어났을 때 어디 도망간 적 있던가요?

누가 준 것도 아니고 만들어진 것도 아니며 빼앗아 갈 수도 없고 놔둬도 어디 도망가지도 않는 이것!

이것이 할 수 있는 것이 무엇입니까?

앉고 싶으면 앉고, 서고 싶으면 서잖아요.

내가 경주 가고 싶으면 경주도 가고, 서울 가고 싶으면 서울도 갑니다.

단지 안 되는 것이 하나가 있어요.

여러분들은 날개가 없지요?

날개가 없으니 날아 갈 수는 없어요.

날개가 없는 것이 날 수는 없습니다.

그것은 안 됩니다.

그러면 날개 대신해서 비행기 타고 가면 되지요.

몸뚱이에 날개가 없기 때문에 날아가는 도리는 안 됩니다.

그러나 이것 외에는 완전무결하게 다 갖추고 있습니다.

무엇이 부족하십니까?

앉고, 서고, 뛰고, 물건 사고 싶으면 물건 사고, 돈 없으면 돈 벌면 됩니다. 도대체 무엇이 부족하세요? 여태껏 그렇게 잘 살아왔잖아요.

그런데 허영을 부려서 되지 않을 것을 하려고 하니깐 고통이 되는 거예요. 분수에 맞게 쓰면 딱딱 들어맞게 되어있습니다. 과욕을 부리니깐 문제가 생기는 겁니다.

성불成佛과 소중한 자아를 찾는 것, 무엇이 중요한가?

자, 본론으로 다시 들어갑니다.

본래부터 이것은 눈에 닿으면 볼 수 있고, 귀에 닿으면 들을 수 있고, 코에 닿으면 냄새 맡을 수 있으며, 혀로 맛볼 수 있고, 옳고 그름을 분간할 수 있습니다.

모든 것을 완전하게 갖추고 있지요.

지금 여러분들이 직접 말했습니다.

이것을 누가 준 것이 아니라고 했어요.

물론 만들어진 것도 아니라고 했습니다.

누가 빼앗아 갈 수도 없다고 했고, 가만 놔둬도 어디 도망도 안 간다고 했습니다.

정말 보배 같지 않습니까?

이보다 더 소중한 보배가 있는 것 같습니까?

한번 들어봅시다.

지금 보고, 듣고, 앉고, 서고, 할 수 있는 이 보배하고 바꿀 수 있는 것이 그 어떤 것이 있겠습니까?

이것보다 더 소중한 것이 있는지 한번 찾아보자는 겁니다.

《대중》 없는 것 같습니다.

《노장스님》 없는 것이 확실합니까?

자, 그럼 여러분들은 모두 부처님 법을 바로 배워서 깨치고자 합니다.

'성불(成佛)의 세계'와 '인연만 되면 작용'하는 이것 중 어느 것이 더 소중합니까?

부처님 법을 깨달아서 성불 하려고 하는 사람이 있지요?

그리고 성불하고 난 뒤에는 대단한 그 무엇인가가 있겠지요? 여러분들 각자가 생각하는 성불의 세계가 있습니다.

그렇지요?

각자 깨달음의 세계가 마음에 다 만들어져 있습니다.

잘 보세요.

깨달음의 세계, 성불(成佛)의 세계는 무엇 같습니까?

'자기가 만든 자기 환상의 그림입니다.'

각자가 상상으로 만든 자기 이미지일 뿐입니다.

《대중》 세상에. (웅성웅성)

《노장스님》 완전하게 갖춰져서 보고, 듣고 다 할 수 있는 이 물건과 여러분들이 각자 그려놓은 성불(成佛)의 세계하고 선택을 하라고 하면 어느 것을 선택 하겠냐고 묻는 겁니다.

여러분들 각자가 그려놓은 신비로운 부처님 세계를 선택할 것입니까?

완전하게 갖춰져서 불에 닿으면 뜨거운 줄 알고, 얼음에 닿으면 찬 줄 알면서 앉고 서고 다 할 수 있는 이 물건 중에 어느 것을 선택하겠느냐는 말입니다.

이 물건과 바꿀 수 있고 필적할 만한 대상이 있겠습니까?

《대중》 없습니다.

《노장스님》 확실히 없습니까?

그럼 인연만 되면 작용하는 이것이 성불(成佛)의 세계, 신비스러운 부처님 세계보다 훨씬 좋고 소중한 것이 맞습니까?

《대중》 현재로선 훨씬 소중합니다.

부처님 세계에 아직 가보지 못했으니까 지금으로서는 이것이 훨씬 소중합니다.

《노장스님》 여러분 모두 그렇게 생각합니까?

현재는 정말 이것이 최고인 것 같나요?

《대중》 지금은 이것이 정말 소중한 것이 맞습니다.

《노장스님》 완전하게 갖추고 있으니 허황된 욕심만 안 부리면 당연히 행복하지요.

욕심 부리는 것도 이 물건이 괜스레 분수를 넘어서 그런 것 아닙니까? 다 인정하시죠?

'본래 완전하게 갖춘 이것을 떠나 욕심을 너무 부려서 고통이 시작 된다.'

여러분, 이것을 떠나서 부처님 세계를 따로 찾을 수 있겠습니까?

《대중》 절대 없습니다.

《노장스님》 그럼 이 물건하고 휘황찬란한 부처님 세계와 바꿀 수 있겠습니까?

《대중》 지금 스님 말씀만 듣고 있으면 바꿀 수 없는 것 같습니다.

《노장스님》 완전하게 갖추고 있습니다.

이보다 더 좋을 수는 없습니다.

조작되지 않은 완전무결한 무위법이 바로 '참 진리'

자, 다시 처음으로 돌아가 봅시다.

만들어진 것도 아니고, 없어질 수도 없고, 변할래야 변할 수도 없고, 늘지도 않고, 줄지도 않는 것을 뭐라고 했습니까?

이것은 모든 것은 변하기 마련이고 스스로 존재할 수 없는 제행무상, 제법무아에 해당이 안 되는 것입니다.

누구한테 받은 것도 아니고, 만들어진 것도 아니며, 빼앗아 갈 수도 없고, 앉고, 설 줄 아는 완전히 자유로운 이것이 무엇이냐?

'조작되지 않은 완전무결한 이것이 바로 무위법이다.'

이것이 사라지지 않는 무위법이에요.

무위법이 무엇입니까?

인연으로 형성되어 조작되지 않고 사라지지 않는 것입니다.

본래부터 그런 것이기 때문에 이것은 누가 만들어 줄 수도 없고, 받은 것도 아니며 빼앗아갈 수도 없습니다.

이보다 더 소중할 수는 없습니다.

이 소중한 보배를 우리 모두 다 평등하게 가지고 있지요.

자, 잘 들으세요.

'부처님께서 바로 이것을 알려주시기 위해서 세상에 출현 하셨습니다.'

법화경 읽어 봤어요?

법화경에 이런 말이 나옵니다.

들으시면 생각이 날 겁니다.

『중생들은 아무리 써도 다함이 없고, 늘어나고 줄어드는 것이 아닌 어떤 것과도 바꿀 수 없는 보배를 다 간직하고 있다. 이 보배 중의 보배를 다 간직하고 있는데 이것이 보배인 줄 모르고 밖을 향해 허덕거리면서 자꾸 헛일을 하면서 극심한 고생을 하고 있다. 보배 중 보배를 간직하고 있으면서도 그것을 몰라 밖을 향해서 허우적거리고 있기 때문에 고통이 이루 말할 수 없다. 그래서 이 보배를 되찾아 주기 위해서 여래가 세상에 출현했다.』

들어 봤어요?

무엇이겠습니까? 이 소중한 보배가 무엇입니까?

부처님께서 그러셨습니다.

그 무엇과도 바꿀 수 없는 보배를 모두 간직하고 있으면서도 그것을 몰라 밖을 향해서 허우적거리고 있기 때문에 그것을 찾아주기 위해서 부처님께서 세상에 출현하셨다는 일대사(一大事)의 인연을 밝히고 계시죠.

그것이 무엇이겠습니까?

여러분들이 지금 보고, 듣고 하는 이 자리입니다.

이 물건이 바로 보배중의 보배입니다.

이것이 바로 운명이니 사주팔자니 다 만들어내는 주인공입니다.

어떤 생각을 일으키느냐에 따라 유익한 일을 하기도 하고 해로운 일을 하기도 하면서 모든 것을 결정하는 것이 바로 이놈이에요.

그렇기 때문에 이 자리는 물들 수가 없습니다.

그 어떤 것에도 물들지 않습니다.

부처님께서 세상에 출현하셔서 중생을 상대로 45년 동안 설법한 내용이 바로 이것입니다.

바로 이 보배 중의 보배를 바로 찾아 주기 위해서입니다.

깨치든 못 깨치든
본래 모두 같은 부처의 성품이다

이 주인공 바탕자리는 깨치든 못 깨치든 상관없습니다.

근본적으로 똑같습니다.

자, 그럼 한걸음 더 나아가 봅시다.

자 보십시오.

(죽비) 탁!

들리지요?

이 듣는 것까지는 부처님과 중생이 똑같아요.

그리고 죽비를 들면 죽비를 보는 것까진 똑같습니다.

똑같은 이 자리를 일러서 '1차 작용'이라고 합니다.

'1차 화살!'

그런데 보고 듣는 1차 작용 뒤에 갖가지 상상이 붙어서 각자의 마음에 이미지가 만들어 집니다.

'자기가 멋대로 그린 자기 그림.'

이 그림은 백이면 백 각자 다 다릅니다.

이것을 일러서 '2차 작용'이라고 합니다.

'2차 화살!'

1차 화살은 중생과 부처가 똑같이 맞습니다.

똑같은 1차 작용 후에 제멋대로 '2차 화살'을 따로 그린단 말입니다.

눈에 닿으면 보고 귀에 닿으면 듣는 이 작용은 부처와 중생이 차별이 없습니다. 그런데 그 작용 뒤에 남는 '자기가 그린 자기 그림'에 의해서 스스로 거꾸러지는 겁니다.

바로 1차 작용 후 만들어진 그림을 오온(五蘊)이라고 합니다.

『오온(五蘊) : 색(色) 수(受) 상(想) 행(行) 식(識).』

보고 듣는 1차 작용을 통해서 갖가지 상상력을 동원하여 그림을 그려놓고는 그 그림에 스스로 뒤집어집니다.

하지만 인연만 되면 작용하여 보고 듣고 하는 이 바탕자리는 모양으로 볼 수가 있는 것이 아닙니다.

이 바탕자리는 모양으로 볼 수 없기 때문에 그 무엇이 있을 수도 없고 남을 것도 없습니다. 그래서 우리가 원래 볼 수 없는 것을 의식해서 보려고 하면 이 바탕자리인 작용을 보는 것이 아니라 자기가 그린 그림을 보게 되는 겁니다.

이것이 아주 중요합니다.

금강경에서 말씀하셨습니다.

'여래(如來)를 모양으로 보려하거나 음성으로 들으려 하면 삿된 도(道)에 들어간다.'

본래 이 바탕은 모양으로 볼 수 있는 것이 아닙니다.

보려고 하면 허깨비를 보게 되는 것이지요.

그런데 이 허깨비를 자아라고 주장합니다.

이 헛된 그림을 '진정한 나'라고 소중히 여기면서 살아왔지요. 참으로 한심한 인생입니다.

셀 수없는 시간을 그렇게 허깨비로 살았다는 거예요.

상상의 그림이 '나'라고 자꾸 뒤집어지는 겁니다.

가짜입니다. 가짜!

그런데 이 가짜는 바로 사라지기 때문에 제행무상에 속합니다. 이 가짜인 그림은 제행무상에 속하기 때문에 끊임없이 변해갑니다. 마음속 내면으로 나타나는 모든 것들은 끊임없이 변해가죠?

아무리 강하게 남아있는 기억이라도 사라졌다가 다시 나타나면서 끊임없이 변해갑니다. 그런데 우리는 이것을 참다운 자아라고 알고 있었어요.

자, 정확하게 알아야 합니다.

경전에서도 부처님께서 확실하게 말씀해 주셨지만 중생의 눈으로 봐왔기 때문에 잘못 알아듣는 것이 바로 이것입니다.

인연이 만들어지면 조건을 따라서,

'보고, 듣고, 냄새 맡고, 맛보고, 부딪히면 알 수 있는 것.'

생각이 붙기 전!

상상하기 전!

실상(實相) 작용!

1차 화살!

바로 여기까지는 물들기 전의 불성(佛性) 작용입니다.

1차 작용 뒤에 생각이 붙으면서 물들었다고 하지만, 사실은 물들게 한 그 생각도 사라져 버리기 때문에 결국은 이 자리는 물들 수가 없습니다.

여러분들!

궁극의 목적은 바로 이것을 아는 것입니다.

'누구나 소중한 이 보배를 소유하고 자유롭게 사용하면서 살아 왔다.'

단지 지혜가 없어 잘 몰라서 자기가 만든 자기 그림에 뒤집혀져 있었을 뿐입니다.

완전하게 갖춰진 바로 이 물건이 과욕을 부리고 해서는 안 되는 일을 하니깐 화를 불러오는 것입니다.

지혜가 없기 때문입니다.

어리석다고 합니다. 무명(無明)입니다.

지금 바로 보고, 듣는 이 작용은 흠이 전혀 없습니다.

작용 하고 난 뒤에 붙는 멋대로 만들어진 생각에 의해서 붙잡히는 것뿐입니다. 생각에 의해서 붙잡히니깐 스스로 만든 자기 그림에 오히려 뒤집히는 겁니다.

'자기가 만든 자기 그물에 스스로 걸리는 꼴이다.'

이것을 바로'중생'이라 합니다.

자기가 만든 가짜 그림이 진짜인 줄 알아서 거기에 속는 것.

'눈에 보이는 것은 작용 후에 남는 그림자일 뿐, 본래 면목은 모양으로 볼 수 있는 것이 아니니, 그것은 흔적을 찾을 수 있는 것이 아니다.'

인연만 되면 작용하는 '이것'이 참다운 '무아無我'이다

인연만 되면 바로 작용합니다. 조건이 만들어지면 조건에 따라 작용할 수밖에 없는 겁니다.

'아무개야! 부르면, 예!' 하고 대답합니다.

바로 작용하는 이것을 알지 못하고 항상 자기가 멋대로 그려놓은 그림에 의해서 노예처럼 조정을 받아 온 겁니다.

이것을 중생이라 그래요.

오온(五蘊)을 주인 삼아 노예가 된 것입니다.

제 멋대로 그려놓은 그림을 진짜처럼 여기기 때문에 거기에 집착이 되고 붙잡혀서 허우적거리게 됩니다.

바로 이 경계가 중생 세계입니다.

바로 보고 듣는 1차 작용은 부처님과 똑같아요.

1차 작용 하고 난 뒤에 남는 그림자에 속는 거지요.

그런데 많은 경전에서는 부처님 세계를 아주 신비스럽고 대단하게 그려 놓았습니다.

성불의 세계를 아주 휘황찬란하게 그려 놓았지요.

그것은 여러분들이 각자 보고 들어온 정보를 토대로 멋대로 그려 놓은 허황된 그림일 뿐 진짜가 아닙니다.

각자가 그려 놓은 성불의 세계는 모두 다 다릅니다.

그것은 자기가 그린 허상의 그림일 뿐.

보고 들었던 정보를 통해서 상상력을 의지해 수없이 만들어 놓은 멋대로 그린 그림일 뿐입니다.

여러분들은 각자 성불의 세계를 멋대로 만들어 놓았습니다.

신을 믿는 종교도 역시 마찬가지지요.

하나님, 신(神)이 각자에게 동일한 존재일 수 있습니까?

각자 살아온 경험을 바탕으로 자기만의 하나님, 신(神)을 머릿속에 그려놓고 객관적이고 절대적인 인격체를 만들어 놓았을 따름이지요.

각자의 천국과 구원의 세계도 제각각 다양합니다.

이 세상에 보여지는 모든 것은 바로 내가 만든 내 그림자일 뿐, 그것을 의지하는 것은 결국 관념의 노예가 되는 것입니다.

허상! 자기가 멋대로 그린 그림을 허상인 줄 알아 버리면 더 이상 집착이 안 됩니다.

집착이 안 되면 허상은 이미 있는 것이 아닙니다.

'허상은 이름을 허상이라고 했을 뿐 실재하지 않는 것.'

바로 허상이라는 말, 문자에 속기가 참 쉽습니다.

마당에 대나무 그림자를 아무리 쓸어봐야 쓸 수가 있습니까?

먼지만 날릴 뿐이지요.

우리는 흔히 집착하지 말라는 말을 많이 듣습니다.

하지만 그것이 말처럼 쉽게 됩니까?

바로 인연만 되면 작용하는 1차 작용을 바로 확인 했을 때 제대로 이해가 될 수 있는 겁니다. 왜냐하면 1차 작용 후 남는 2차 작용은 허상이기 때문입니다. 내가 그린 가짜 그림이니깐 집착할 필요가 없는 거지요.

자, 금강경에 이렇게 되어있습니다.

'범소유상 개시허망(凡所有相 皆是虛妄).'

모든 존재하는 것은 허망하다는 것입니다.

모든 상(相)은 허망하다고 했어요. 모든 상(相)은 허망하다 해놓고서 그 다음에 또 뭐라고 했습니까?

'약견제상비상 즉견여래(若見諸相非相 卽見如來).'

만약 모든 상은 상(相)이 아님을 알 때 바로 여래를 본다.

일체가 스스로가 그려놓은 그림인 줄 알아버리면 더 이상 없애려고 할 필요 없이 바로 진실한 참 부처를 본다는 것입니다.

번뇌, 망상 등 모든 상(相)을 없애려고 할 때 이미 가짜를 진짜로 속는 것이니, 바로 가짜임을 알면 더 이상 관여하지 말라는 것입니다.

집착하지 말라는 것입니다.

집착하지 않음으로써 상(相)은 이미 상(相)이 아닙니다.

없애려고 하면 오히려 다시 속는 형국입니다.

그런데 또 이런 것이 있습니다.

모든 상(相)은 허망하기에 의지할 것이 없다 하니 이 마음을 어디다 둬야 하는지 방황하게 됩니다.

모든 상(相)이 상(相) 아닌 줄 아는 그 순간, 딱 거기서 바로 부처임을 알아야 하는데 오랫동안 상(相)을 의지해 온 습관이 있어서 잘 안 됩니다.

자, 잘 보십시오.

모든 상이 허상임을 아는 그 순간이, 바로 부처가 되는 순간입니다.

(죽비) 탁! 탁! 탁!

바로 이 자리입니다.

지금 듣는 바로 이 작용에요.

바로 듣는 1차 작용을 떠나 상상으로 그려놓은 2차 그림이 허망한 줄 아는 이 순간! 가짜 그림에서 벗어난 이 순간이 바로 부처입니다.

지금 보고 듣는 이 작용을 떠나서 따로 있다는 것은 여러분들이 각자 그려놓은 그림일 뿐입니다.

이 바탕자리는 어디 가지도 않고 빼앗아갈 수도 없는 인연만 되면 작용하는 가장 소중한 보배인 것입니다.

한 생각 일어나기 전 소식

(죽비) 탁! 탁! 탁!

바로 듣는 이 작용!

무위법입니다.

이 바탕자리를 바로 알고 허상에 속지 않는 것을 일러서 구경열반이라고 하는 겁니다. 그리고 그림이 허망한 줄 알아서 가짜에 속지 않는 연습을 하는 것이 수행입니다.

그런데 이 **'1차 작용'**을 바로 알지 못하고 수행을 한다는 것이 말이 됩니까?

'1차 작용을 바로 아는 순간부터 비로소 수행의 시작이라 할 수 있다.'

하나도 부족함이 없고 넘치지 않습니다.

또한 아무리 허상에 속는다 치더라도 모든 상(相)은 결국 사라지고 허망한 그림이기 때문에 실질적으로 물든 적은 한 번도 없습니다.

우리 조사(祖師)스님들은 예부터 이렇게 말해왔습니다.

최상승선(最上乘禪)에서는 이 도리를 일러서,

'언어도단 처(言語道斷 處)',
'말로 설명할 수 없는 도리',
'한 생각 일기 전 소식',
'언전(言前) 소식'.

왜 이렇게 불렀는지 아십니까?

이 1차 작용은 본래부터 쓰고 있는 이 물건을 말하기 때문이에요. 이것은 말로 설명될 수 있는 작용이 아니고 눈으로 볼 수 있는 자리가 아닙니다. 어떠한 생각이나 이론으로도 설명이 되지 않는 자리입니다.

'인연만 되면 바로 작용 할 뿐.'

그래서 무위법이에요.

그 어떤 조작으로 만들어진 작용이 아닙니다.

부처님께서는 보배 중의 보배인 바로 이것을 바로 알려 주시기 위해서 세상에 출현하신 겁니다.

이해가 가십니까?

이것을 부정할 수 있겠습니까?

부정할 수 없겠지요?

진짜 보배는 여러분들이 모두 각자 가지고 있습니다.

부처님 말씀 중 거짓말인 것이 하나도 없지요?

모두 다 가지고 있는 보배 중의 보배.

그 무엇과도 바꿀 수 없는 보배를 다 가지고서 완전하게 갖춰서 쓰고 있는데, 단지 모르고 있을 뿐입니다.

중생들이 살면서 겨우 쓰고 있는 것은 과한 욕심 뿐.

되지 않을 것을 자꾸 욕심부려서 하려다 보니 스트레스가 쌓이게 됩니다. 욕심이 앞서니깐 이 보배를 잃어먹고 자꾸 거꾸로 뒤집어지는 거예요.

이 보배는 어떻습니까?

본래 생겨난 것이 아니기 때문에 소멸할 수가 없습니다.

물론 몸뚱이는 수없이 뒤바뀝니다. 몸뚱이는 언제든 바뀔 수 있어요. 이 몸이 망가지면 다시 다른 몸으로 교체되는 거예요.

몸은 수없이 교체되는 것이지만, 1차 작용은 생겨난 것이 아니기에 없어질 수가 없습니다.

'생멸(生滅)이 아니기 때문에 본래 생사(生死)가 없다.'

이 바탕자리는 본래 생사가 없습니다.

이런 보배 중의 보배를 여러분들은 다 간직하고 있단 말이에요.

지금 내 이야기를 듣는 바로 이 자리입니다.

지금 듣는 1차 작용!

이것 외에 따로 찾을 것이 없지요?

따로 찾으면 바로 허깨비를 찾는 겁니다.

부처님께서는 이것을 바로 알려주시기 위해서 45년간 그렇게 고생하신 겁니다.

'제멋대로 그린 그림'을 좇아 자꾸 밖으로 향하니까 허상에 속아서 진짜의 모습을 볼 수가 없습니다.

1차 작용을 확실하게 바로 알고 난 후라야 비로소 수행이 시작 되는 겁니다.

그 다음에 '자기가 멋대로 그린 자기 그림'에 속지 않는 연습을 하는 겁니다. 반복적인 연습을 통해서 원래의 이 자리에서 벗어나지 않는 것이 바로 수행입니다.

그저 선방에서 가부좌 틀고 그럴듯한 모습으로 앉아 있는 것이 수행이 아닙니다. 먼저 견성을 한 후 자기가 만든 자기 관념에 뒤집어지지 않도록 끊임없이 연습하는 것이 수행이란 말입니다.

그런데 견성을 하지 못하면 바른 견해가 열리지 않아서 이것이 보배라는 것을 모르는데 어떻게 수행을 한다는 겁니까? 도대체 뭘 한다는 것이에요?

앉아서 부처를 구하고 있으니, 부처를 욕되게 하고 죽이는 것입니다.

우리는 각자의 인생에 들러리가 아닌 주인공이다

부처님께서는 찾아오는 모든 사람들에게 지극히 보편적이고 상식적인 이 진리부터 가르치신 겁니다.

이것을 바로 알고 난 후부터 수행의 시작입니다.

부처님께서 천만번 이 땅에 다시 오시더라도 이 바탕자리와는 바꿀 수 없는 겁니다.

이것을 떠나서 따로 부처님 세계를 그리는 것은 '자기가 만든 자기 그림'일 뿐! 바로 이 바탕자리에서 만들어낸 허상의 그림입니다.

이 보배 중의 보배는 사람을 비롯한 일체 모든 생명체는 다 동일합니다. 그래서 일체 중생이 다 성불할 수 있다고 하신 거예요.

바로 알고 나면 이미 성불 되어 있는 것입니다.

깨칠 것도 없고, 버릴 것도 없고, 취할 것도 없이 완전무결하게 이미 다 갖춰져 있습니다.

물론 깨치지 못한 사람은 이런 말을 아무리 해도 알아들을 수 없습니다. 또한 아직 깨치지도 못한 사람이 알음알이로 '본래 생사(生死)는 없는 것'이라고 말해서도 안 됩니다.

대 망어(大妄語).

가장 큰 거짓말입니다. 어디까지나 이것은 깨치고 난 후에야 비로소 완전무결하게 다 갖춰져 있어서 따로 깨칠 것이 없다는 것을 아는 겁니다.

이러한 진리를 바로 알기만 하면 됩니다.

물론 이해하는 수준으로 아는 것은 어림도 없는 경지입니다. 진리를 바로 안 후 삶속에서 바로 쓰는 법을 익히는 거예요. 이것을 바로 알았을 때를 '견성했다'고 하는 겁니다.

볼 견(見), 성품 성(性).

본래의 자성(自性)을 바로 아는 겁니다.

견성은 지극히 보편적이고 평등하다.

어떤 뛰어난 사람과 특정한 사람들만이 깨칠 수 있는 것이 아닙니다. 우리는 들러리가 아닙니다.

우리는 각자의 삶에 주인공입니다. 왜 자꾸 가장 소중한 각자의 삶에 들러리로 살려고 하는 겁니까?

만약 우리 부처님께서 일러주신 귀한 이 가르침이 일부 특정한 사람만 깨칠 수 있고 나머지는 어림도 없다고 한다면 이것은 보편적인 종교의 진리라고 할 수 없습니다.

우리 부처님께서 일깨워주신 이 귀한 보배는 누구든지 평등하게 다 가지고 있기 때문에 바로 알고 난 후 제대로 쓰는 법을 연습하면서 완벽하게 익어가는 겁니다.

절대 아득히 멀리 있는 것이 아닙니다.

바로 이 순간, 이미 성불 되어 있습니다.

(죽비) 탁! 탁! 탁!

바로 이것을 단박에 알아버리면 더 이상 깨달음을 찾아 나설 필요가 없습니다.

습관이 오랫동안 굳어져 있어서 '자기가 만든 자기 생각'에 속아 계속 밖으로 헤매기 때문에 보금자리를 잃고 객지 생활을 하는 겁니다.

이것을 법화경에서는 '미아(迷兒)'라고 표현합니다.

'가난한 아들과 부자 아버지 이야기' 들어봤지요?

스스로 일으킨 자기 생각의 그림을 좇아서 끊임없이 윤회를 하는 겁니다.

중생들은 정작 자기 보금자리를 떠난 적이 한 번도 없는데 스스로의 생각을 따라 끊임없이 쫓아 나와 미아가 되어서 고생을 이루 말할 수 없게 하는 겁니다.

꿈꾸는 것과 똑같습니다.

자기 보금자리를 떠난 적이 없었다는 것을 깨친 후 나중에 알고 보니까 본래 자기 집에 그대로 있었습니다.

스스로 만든 자기 그림에 속는 것이 미아(迷兒)입니다.

자기가 만든 생각의 그림에 속아서 실제처럼 계속 쫓아다니는 것.

금강경과 법화경의 핵심적인 내용은 다 나왔습니다.

무슨 경전이든지 결국 다 이 바탕자리를 가리키는 겁니다.

가장 소중한 주인공을 바로 알고 난 후 제대로 쓰는 법을 익히는 것.

이것이 불법의 핵심입니다.

이것이 우리 부처님의 가장 위대한 깨달음입니다.

그런데 이것은 누구나 간절히 원하기만 하면 다 깨칠 수 있습니다. 경전을 많이 읽어 교리에 밝은 것만으로는 절대 알 수가 없습니다.

먼저 견성을 한 후 자기 관념에 속지 않는 연습을 통해 완성해 나가는 것입니다.

지혜를 얻어서 행복하게 익어가다

부처님의 깨달음은 본래 자기 성품을 바로 알고 난 후 출발하는 것입니다. 우리가 본래 쓰고 있는 것이기 때문이지요.

이런 이야기는 처음 들어봤지요?

경전에는 엄청난 방편으로 신비하고 화려한 상상의 그림이 많이 그려져 있습니다. 각자 성불의 세계가 이처럼 휘황찬란합니다.

그런데 그것은 아무리 휘황찬란해도 허상일 뿐입니다.

만들어진 자기 그림일 뿐.

자, 이제 이것을 바로 알아듣는 사람이 몇 분 되실 겁니다.

바로 알아들은 후에는 이것 외에 따로 그 무엇을 구해서는 안 됩니다. 바로 흉악한 외도로 들어가는 것이며 정법(正法)이 아닙니다.

핵심만 추려서 설명했어요. 많은 이야기가 필요 없습니다.

이 진리를 바르게 알아들어 틀림없다는 확신이 들면 '견성'한 겁니다. 단순 지식으로 알아 이해되는 것과는 비교할 수 없는 차원입니다.

가슴에서 시원하게 '뻥' 뚫립니다.

간절하고 절실한 만큼 체득이 크게 옵니다.

'독아지 밑동이 쑥 둘러 빠졌다.'

깨치려고 애를 쓴 노력이 크면 클수록 체득은 강하게 오는 것입니다. 하지만 잡다한 사전지식이 별로 없어서 순수한 사람은 '아! 이것이구나.' 하는 정도로 약하고 짧게 오기도 합니다.

체득되는 강도가 약하더라도 틀림없는 분명한 사실로 받아들여져 흔들리지 않는다면 깨침은 똑같은 겁니다.

단순 이론으로만 알아 머리로 이해되는 것과는 비교할 수 없는 차원입니다. 이론으로 아는 것을 지식이라고 하지요. 이것이 다시는 의심할 수 없는 사실로 받아들여지면 가슴으로 강하게 내려오기 때문에 체득이라고 하고 깨쳤다고 하는 겁니다.

깨침과 체득!

이것을 기준으로 진정한 수행이 무엇인 줄 알게 됩니다.

이 사실을 가슴 깊이 받아들이면 정말 벅찬 환희심이 오는데 바로 초견성(初見性) 수준입니다.

'병아리가 이제 막 껍질을 깨고 톡 튀어나온 수준.'

일단 깨고 나오면 죽느냐 사느냐 두 가지입니다.

가만 놔둬도 근기가 강해서 혼자 살아남기도 하지만 대부분은 제구실 못하고 죽어 버립니다. 다시 전도(顚倒)가 돼 허상을 쫓아 나가 버린다는 말입니다. 또다시 관념 속으로 기어들어가서 허상의 집을 짓고 나오지 않게 됩니다.

이것은 반드시 견성 후 본격적인 수행을 더욱 중요하게 여겨야 합니다. 필수적으로 선지식의 지속적인 지도를 받아야 합니다.

허상에 속지 않고서 자아가 물들지 않는 확연한 도리를 체득하려면 깨치고 난 후 반드시 끊임없는 연습을 해야 합니다. 어떠한 경우에도 뒤집히지 않는 완성을 위해서는 꼭 선지식의 지도를 받으면서 보림하며 연습해 나가야 하는 겁니다. 부처님 때에도 수많은 아라한들이 부처님 주위를 둘러싸고 머물면서 수행을 한 이유가 바로 여기에 있습니다.

우리 불교는 진리를 확실하게 알고 난 후 익어가는 연습을 하여 완성을 목표로 하는 종교입니다. 바르게 알고 난 후부터 본격적인 수행이 시작되는 겁니다. 바르게 알지 못하면 맹목적으로 믿게 되고 맹신하면 미혹함에 떨어져서 흉악한 삿된

도(道)로 들어가게 됩니다.

자, 이제 더할 수 없이 좋은 인연으로 부처님 법이 무엇인 줄 알게 되었습니다. 앞으로 어떻게 하는 것이 부처님의 바른 법으로 가는 길이겠습니까?

이제 모두 아시겠지요?

깨치지 못하고 바른 지혜가 없으면 추하게 늙어 가게 됩니다. 하지만 참다운 지혜를 얻어서 도반들과 잘 익어간다면, 소중한 자기 인생에 주인공으로서 생사(生死)를 벗어 난 멋진 삶을 살 수가 있는 것입니다.

모두 각자의 인생에 가장 소중한 주인공으로 멋진 삶을 사시기 바랍니다.

제2부

부처님께서 이 땅에 오신 뜻

2016년 부처님오신날 특별법문

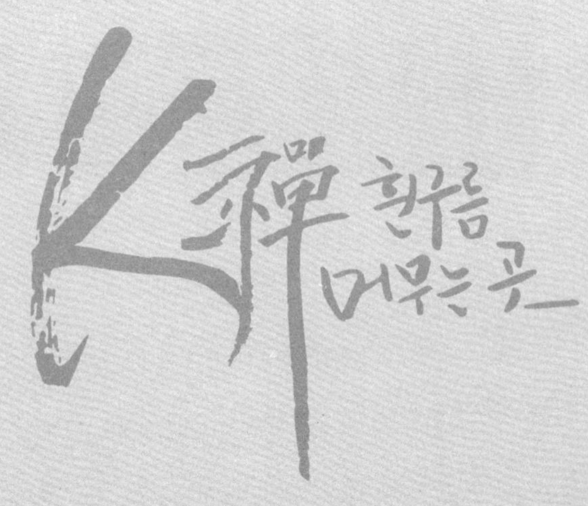

올바른 지혜
'1차 작용'을
단박에 이르다

《노장스님》

(컵을 들어 차를 한 잔 마신 후)

자, 여기 주목하십시오.

(죽비를 치며)

탁! 탁! 탁!

(죽비를 들어 보이며)

모두 보셨습니까?

《대중》 네

《노장스님》 소리 들었지요?

《대중》 네

《노장스님》

자, 여러분들.

이것을 생각을 해서 들었습니까?

그냥 들었지요?

그냥 봤지요?

《대중》 네

《노장스님》 이 소식이 무엇인지 아시겠습니까?

생각을 해서 들은 것이 아니고 생각을 통해서 본 것이 아닙니다.

모양은 눈으로 보게 되어있고, 소리는 귀로 듣게 되어 있으며, 향기는 코로 맡게 되어 있고, 맛은 혓바닥으로 알 수 있고, 촉감은 몸뚱이로 알 수 있습니다.

자, 이 다섯 가지 감각기관을 총괄해서 옳고 그름을 분별하는 의식이 또 있어요.

『안(眼), 이(耳), 비(鼻), 설(舌), 신(身), 의(意) 육식(六識).』

그런데 이것은 듣는 놈 따로, 보는 놈 따로, 향기 맡고, 맛보고, 촉감을 느끼고 의식하는 놈이 따로 있는 것이 아닙니다.

그런데 여기서 제일 중요한 것이 하나 있습니다.

이것은 생각을 일으켜서 보는 겁니까?

그냥 봤지요?

《대중》: 네.

《노장스님》

이것은 누가 준 겁니까?

바로 볼 줄 아는 이 물건을 누가 준 거에요?

누구한테서 받아서 왔습니까?

이것은 누구든지 다 똑같이 작용하지요.

그런데 이것은 생각할 필요 없이 눈앞에 나타나면 바로 보이죠?

(죽비) 탁! 탁! 탁!

소리도 바로 들리죠?

《대중》: 네

《노장스님》: 이것은 그 어떤 누구도 빼앗아 갈 수 없고 어디로 도망가는 것도 아니며, 아무리 잠을 자고 일어나도 이것은 오고 간 적이 한 번도 없습니다.

부처님오신날

진리는 생각으로 이를 수 없는 도리이다

자, 이것은 생각으로 이를 수 없는 도리입니다.

'이 한 물건!'

편의상 물건이라고 하지만 물건이라 해도 맞지 않습니다.

이것이 무엇이냐 하면?

눈에 닿으면 보고, 귀에 닿으면 듣고, 입에 닿으면 맛을 느끼고, 코에 닿으면 냄새가 나고, 몸에 닿으면 촉감을 느끼면서 갖가지 사량 분별을 할 수 있는 '이 물건'을 통틀어서 무엇이라 하느냐?

'어디서 온 적도 없고 어디로 간적도 없다.'

잘 구분해서 보세요.

딱 눈에 대상이 닿으면 내가 보려고 하지 않아도 바로 보입니다. 여기까지는 하자가 전혀 없습니다.

그 다음에 눈에 보인 후 갖가지 생각이 붙어서 관념으로 만들어진다 이 말입니다. 그러면 그것은 동시에 그림, 이미지로 남아 버려요.

중생은 보고 듣는 것을 따라 먼저 1차 작용을 한 후 2차 작용을 통해 허상인 그림으로 남는데, 2차 작용으로 남은 그 그림에 집착을 하게 되어있습니다.

자기가 그린 자기 그림에 집착하게 되는 것을 뭐라고 하느냐?

바로 자기가 만든 자기 그림이기 때문에 그것은 꿈과 같다고 합니다. 이과정이 계속 되풀이 됩니다.

1차 작용 후 남는 그림을 따라 이 생각이 없어지면 저 생각이 끌려오면서 끊임없이 되풀이 되지요.

『1차 작용하는 그 순간,
동시에 2차 작용인 형상에 떨어지게 된다.
그런데 바로 보고 듣는 1차 작용,
이 자리는 모양과 색깔로 볼 수 없습니다.』

지금, 여러분들이 내 이야기를 듣는 바로 이 자리입니다.

여러분들이 이 노장의 말을 듣는 바로 이 자리입니다.

이것을 떠나서 부처님의 세계를 따로 생각하면 바로 흉악한 외도(外道)라고 합니다.

이 자리를 떠나서 따로 부처님의 세계가 있다고 하면 뭡니까?

그것은 자기가 만든 자기 그림일 뿐입니다.

잘 들으세요. 중요합니다.

'1차' 바로 보는 작용!

딱 이것까지입니다.

그 다음에 관념이 붙으면서 그림으로 남으니깐 순간적으로 뒤집어집니다.

눈에 닿으면 바로 보고 귀에 닿으면 바로 듣는 이 자리까지.

'1차 작용.'

'실상(實相) 작용.'

여러분들이 실상 작용을 떠나서 부처가 따로 있다고 거꾸로 알고 있었던 겁니다.

그래서 이 자리를 뭐라고 하는지 아십니까?

생각을 일으켜 아는 것이 아니기 때문에,

'한 생각 일어나기 전 소식.'
'생각으로 이를 수 없는 도리.'

그러면 1차 작용이 아주 중요합니다.
1차 작용은 생각으로 아는 것이 아니기 때문에,

'생각으로 이를 수 없는 자리.'
'어떠한 말로도 표현될 수 없는 도리.'

단지 인연만 되면 바로 작용하는 겁니다.

눈에 닿으면 보게 되고, 귀에 닿으면 듣게 되는 감각기관 안(眼), 이(耳), 비(鼻), 설(舌), 신(身)과 의(意)를 통해서 끊임없이 작용할 뿐입니다.

하지만 1차 작용 후에 바로 관념이 만들어져서 스스로 그림을 그리고 거기에 묶이게 됩니다.

이렇게 관념에 빠져서 그 관념을 진짜로 착각하면서 실상(實相)인 1차 작용을 확 뒤집어 버립니다.

전도몽상(顚倒夢想) 되었다고 합니다.

'자기가 만든 자기 관념의 그림에 빠져서 그것이 전부인 줄 알고 살아가는 사람을 중생이라 한다.'

그런데 이 사실을 '말로 이를 수 없는 도리'라고 하니깐 전부 어떤 줄 아십니까?

이것 외에 따로 그 무엇이 있다는 관념을 하나 만들어서 스스로 만든 그림에 빠진 후 다들 그것을 찾아 헤매느라 셀 수 없는 허송세월을 보내고 있는 것입니다.

소를 타고 소를 찾으러 나가지 마라

스스로 관념을 만들어서 그 그림에 빠져 전도(顚倒)되는 것을 바로 이렇게 말합니다.

'소를 타고 소를 찾으러 나간다.'

많이 들어 봤지요.

소를 타고 소를 찾으러 나간다.

(죽비) 탁! 탁! 탁!

자, 바로 듣는 작용을 합니다.

바로 보고, 듣는 이것을 떠나서 따로 깨달음의 세계나 신비한 부처님의 세계가 있다고 생각하는 것은 모두 자기가 만든 자기 그림입니다.

지금 이 순간, 바로 이야기를 듣고 있는 이 자리입니다.

이것은 어디서 온 적도 없고 어디로 간 적도 없으며 도망가지도 못하고 빼앗길 수도 없습니다.

'어떠한 말로도 표현할 수 없고 단지 인연만 되면 작용으로 나타날 뿐.'

이것을 잘못 알게 되면 이것 외에 말없는 도리가 따로 있다고 생각해서 평행선을 달리게 됩니다.

바로 소를 타고 소를 찾는 어리석은 사람이 되는 것입니다.

이것이 제일 중요한데 여기에 모두 속습니다.

'말로 이를 수 없는 도리!'

'생각으로 이를 수 없는 도리!'

뭔가 그럴듯한 말에 속아서 바로 이것을 떠나 따로 그 무엇이 있는 것처럼 착각을 해버립니다.

끊임없는 생각으로 자기가 만들어 놓은 허상의 집을 향해 바라보고 있는 거예요.

이미 한 생각 일어나서 대상화 되어 버리면 이것을 어디에서도 찾을 수 없습니다.

이것은 인연만 되면 작용할 뿐.

많은 수행자들이 화두 참선을 하며 선방에 앉아 있는데 결국 화두를 타파하는 것이 바로 이 순간, 이것을 단박에 보는 겁니다.

그래서 달마조사부터 대혜종고(大慧宗杲, 1089~1163)스님 이전까지 우리 조사선은 이렇게 바로 일러주었어요.

선지식과 대담하는 그 자리에서 문답 방식으로 바로 알 수 있게 만든 겁니다. 단박에 보고 깨치기 때문에 그 자리에서 인가하고 보림(保任)을 통해서 완성을 하게 하는 것이지요.

그런데 이것을 떠나 신비한 깨달음의 세계가 따로 있다고 스스로 설정해 놓고 찾으러 나가버리면 흉악한 외도에 떨어지게 되는 겁니다. 그렇기 때문에 아무것도 아닌 것을 갖고 그렇게 고생을 하며 애를 먹는 겁니다.

끊임없이 휘황찬란한 신비의 세계를 상상으로 만들어 놓고 거기에 붙잡히고 있는 한심한 중생들의 인생.

지레짐작해서 조금이라도 이러할 것이라고 상상이 되면 바로 상(相)이 만들어집니다.

여러분들께서 경전을 많이 보고 읽었지만 이 부분을 제대로 알지 못했기 때문에 끊임없이 소를 타고 소를 찾는 어리석은 짓을 하게 된 겁니다.

(죽비) 탁! 탁! 탁!

지금 소리를 듣는 바로 이 자리!

1차 작용이 일어나는 바로 이 자리!

이것은 끊임없이 인연만 되면 작용하는 겁니다.

모양이 따로 없습니다. 작용을 따라서 드러날 뿐이에요.

이것을 떠나서 따로 그 무엇이 있는 것처럼 스스로 관념을 만들어서 붙여놓고는 자기가 지금 쓰고 있는지도 모르고 끊임없이 소를 타고 소를 찾아 나가는 어리석은 짓을 하고 있습니다.

끊임없이 본래 자기가 쓰고 있는 것입니다.

만약에 이것 외에 따로 있다고 한다면 지금의 여러분 각자와는 전혀 관계가 없는 것입니다.

자기 그림과의 끊임없는 싸움이에요.

이것을 바로 알려 주기 위해서 부처님께서 세상에 출현하신 겁니다.

필요에 의한 생각과 과거와 미래의 헛된 생각을 구분하라

부처님께서 출현하신 이유는 오직 이 목적뿐입니다.

단지 이것을 바로 알려 주기 위해서입니다.

자, 여러분!

앉고 싶으면 앉고, 서고 싶으면 서고, 가고 싶으면 가면서 마음대로 다 합니다. 다 할 수 있어요.

여러분들이 뜻대로 안 되는 것은 딱 두 가지밖에 없습니다.

하나는 본래 될 수 없는 것을 허황되게 바라는 것.

그리고 미리 짐작해서 할 수 없다고 지레 겁먹고 안 하는 것입니다.

그런데 몇 가지 구분해야 할 필요가 있습니다.

모든 관념을 몽땅 허상이라고 여기는 분들이 있습니다.

좋습니다. 일단 허상이라고 합시다.

그런데 필요에 의해서 작용하는 것이 있어요.

무엇이 필요에 의해서 작용하는 겁니까?

배가 고프면 밥을 해먹고, 시장 가서 장을 보고, 사람을 만나서 접대하는 것 등.

이런 일을 처리하는데 일어나는 생각은 필요에 의해서 작용하기 때문에 망상이라고 하지 않습니다.

그러면 무엇이 망상입니까?

지난 과거를 떠올려서 지금의 자기 의사와 관계없이 마음에 출렁거리면서 끊임없이 그림이 왔다 갔다 하는 것.

그런데 그 그림이 떠오르면 바로 집착이 되지요.

실제인 것처럼 느껴지기 때문입니다.

이것이 잠을 자면 꿈으로 나타납니다.

또 마음 속 갖가지 심리현상들을 따라 불안한 생각이나 기분 좋은 생각이 일어나면 거기에 맞는 그림이 잠잘 때 꿈으로 펼쳐집니다.

만약 기분 좋은 느낌이 깊이 남아있으면 꿈꿀 때 훨훨 날아다니는 그런 꿈으로 나타납니다.

또 불안한 마음이 남아있으면 가위 눌리면서 도망을 치거나 쫓기게 됩니다.

이런 것들이 다 뭡니까?

이 순간에 만들어진 자기 그림, 이미지입니다.

그리고 아직 오지 않은 미래를 여러 가지 상상을 덧붙여서 불안한 맘을 일으키는 것 모두 그림, 이미지입니다.

지금 이 순간!

바로 보고 듣는 작용을 하는 이 자리는 어느 누구도 빼앗을 수 없고 훼손시킬 수도 없습니다.

이것은 누구든지 모두 평등하게 다 갖추고 있습니다.

누가 준 것도 아니고 빼앗아 갈 수도 없으며 사라지는 것도 아닌 이 자리에는 생사(生死)도 따로 붙일 수 없습니다.

'오직 인연만 되면 작용할 뿐입니다.'

이것은 몸뚱이가 억 천만 번 바뀌어도 절대 변할 수 없는 겁니다. 그래서 이 자리를 뭐라고 하느냐?

'생사(生死) 없는 도리.'

부처님은 이것 하나를 가르쳐 주기 위해서 45년 동안 말씀하셨습니다. 금강경과 반야심경을 잘 풀어보면 바로 지금까지의 이것을 가리키는 것입니다.

'범소유상 개시허망(凡所有相 皆是虛妄).'

모든 상(相)은 허망하다.

자기가 만든 자기 그림을 말하는 겁니다.

그런데 가짜를 실제인 걸로 착각해서 그림, 이미지에 속고 있습니다.

바로 집착 때문입니다.

'약견제상비상 즉견여래(若見諸相非相 卽見如來).'

만약 모든 상이 진실한 상이 아님을 아는 그 순간, 바로 부처 자리이다.

이게 뭡니까?

모든 상(相)이 허망하다는 것을 체득해 버리면 상(相)이 이미 상(相)이 아니지요.

집착이 안 되기 때문에 그것은 이미 상(相)이 아닙니다.

그럼 바로 이 자리가 부처입니다.

(죽비) 탁! 탁! 탁!

여러분!

이렇게 간단명료하게 다 말씀해 주셨습니다.

그런데 우리가 너무 어렵게 생각해서 접근하지 못하는 겁니다. 부처님 법은 뭔가 따로 있는 것처럼 자꾸 생각하기 때문이지요. 자기가 설정해 놓은 허황된 상상의 그림을 쫓아서 그것을 찾으려고 합니다.

'소를 타고 소를 찾는 어리석은 짓을 하지 마라.'

자, 이 대목은 45년 동안 부처님께서 항상 핵심적으로 말씀하신 겁니다. 그래서 부처님 초기경전에는 이렇게 간단히 말씀하셨습니다.

'1차 화살'.

'1차 작용'.

보고 듣는 1차 작용 후에 관념과 상상을 붙여서 뒤집어지니깐 전도몽상(顚倒夢想) 됐다고 합니다.

바로 이것이 중생으로 떨어지게 하는 허깨비입니다.

'2차 화살'.

'2차 작용'.

허상,
스스로 만든
그림에 속지마라

1차 화살과 2차 화살을 가르는 기준점은 바로 오온(五蘊)덩어리입니다. 자기가 만든 허상이 바로 오온(五蘊)덩어리이지요.

반야심경의 '오온개공(五蘊皆空)'.

오온(五蘊)은 허깨비입니다. 모조리 가짜이지요.

그것을 아는 순간, 바로 이 자리가 한 치도 벗어남이 없는 구경열반입니다.

바로 이것입니다.

이처럼 우리는 밤낮으로 끊임없이 쓰고 있지만, 쓰고 있는 걸 모르고 계속 보고 듣는 것을 통해 자기가 그려놓은 그림을 따라 뒤집어집니다.

대승경전의 부처님 말씀은 신비하고 화려함의 극치로 허공에 붕 띄어 놓은 것과 같습니다. 신비한 그 무엇이 있는 것처럼 온갖 상상을 불러일으키도록 만들어 놓았지요.

물론 그것은 욕망에 빠진 중생들을 건져내기 위해 임시방편으로 필요가 있었습니다. 하지만 그것이 아무리 신비하고 휘황찬란하다고 해도 지금 보고, 이야기를 듣는 이 물건보다 중요할 수 있겠습니까?

보고 듣는 지금 이 자리보다 중요하다면 그것을 찾아가세요. 지금 내 이야기를 듣고 있는 이 자리를 떠나서 따로 신비한 세계가 있다고 한다면 전부 자기가 그려놓은 자기 그림입니다.

부처님께서 왜 삼법인(三法印)을 설하셨는지 아십니까?

『제행무상, 제법무아, 열반적정.』

이 허황된 그림, 이미지는 끊임없이 변합니다.

허상의 특성은 끊임없이 변하면서 생멸(生滅)을 반복한다는 것입니다.

마음속에 생기는 '있다 없다(有無), 옳다 그르다(善惡)' 하는 분별은 일어났다가 사라지는 생각일 뿐이에요.

그것은 잠시 생겼다가 사라지는 허상입니다.

스스로 만든 자기 그림, 이미지.

우리는 세 개의 집을 가지고 있는데,

첫째, 몸뚱이, 육신의 집.

둘째, 관념, 허상의 집.

셋째, 비바람을 막아주는 건물의 집.

그중에 무엇이 제일 무서운 겁니까?

'관념, 허상의 집.'

우상(偶像)을 뒤집어쓰고 앉아 있는 겁니다.

실제 있지도 않는 엉터리를 갖다가 그림으로 붙잡아서 부처니 뭐니 하며 떠드는 건 모두 그대들 각자의 그림일 뿐이지 지금 보고 듣는 이 자리와 관계가 없습니다.

이 한 가지 진리를 알려주기 위해서 부처님께서 45년 동안 각 수준을 따라 중생들을 위해 대기 설법을 하신 거예요.

여러분들, 경전 많이 읽어 보셨죠?

'반야부(般若部) 600부.'

모조리 다 하나로 꿰어서 와 보세요.

모두 다 이것에 대해 이야기하고 있습니다.

'속·지·마·라'.

스스로 만든 자기 그림에 속아서 뒤집어져 있는 것입니다.

그것은 꿈과 같아요.

전도몽상(顚倒夢想)이라고 합니다.

스스로 만든 자기 그림에 순간적으로 뒤집어져서 허상을 실제인 것처럼 착각하고, 거기에 속아서 뒤집어집니다.

'소소영령(昭昭靈靈)'.

지각(知覺)하는 가운데 끊임없이 작용하는 실상을 놔두고 미리 짐작해서 만들어 놓은 무서운 그림이 여러분들의 인생 전체를 좌우해 왔습니다.

'부처님 오신 뜻'이 바로 이것입니다.

우리가 아무리 이야기를 하고 하루 종일 떠들어도 이것을 벗어나지 않습니다.

오온(五蘊),
부처와 중생을
가르는 기준점

부처님!

부처님은 무엇입니까?

부처님께서는 "중생과 부처는 근본바탕에서 조금의 차이도 없다"고 하셨습니다.

그런데 왜 중생과 부처가 이름이 다릅니까?

중생은 오온을 주인으로 삼아 노예가 되었고, 부처님께서는 오온이 가짜인 줄 알아서 속지 않으신 겁니다.

'오온(五蘊), 부처와 중생을 가르는 분수령이다.'

오온은 관념의 그림, 거대한 고정관념!

이것을 오온이라고 합니다.

그런데 이것은 끊임없이 변해가요.

마음속에 떠올리면 기억이 생생해서 원래부터 있었던 것처럼 느껴졌다가 떠올리지 않고 다른 일을 하다 보면 또 금방 사라집니다.

어떤 일을 열심히 하다 보면 그런 경우가 있어요.

집중해서 일을 할 땐 일하는 것뿐이지요.

집중해서 일하는 그 자리가 바로

소소영령(昭昭靈靈)한 부처의 작용입니다.

부처님께서 이렇게 간단히 말씀 하셨어요.

"중생과 부처는 오온을 분수령으로 해서 오온을 주인 삼아 허우적거리는 사람은 오온의 노예가 된 중생이고, 그것이 가짜인 줄 알아서 속지 않는 사람을 대 자유인 부처라 한다."

이 마음은 요술쟁이 같아서 조금이라도 불안한 마음을 일으키면 갖가지 불안한 그림이 나타나 안절부절 못하게 됩니다. 또 잠시라도 긍정적인 생각을 하게 되면 금방 웃음이 나고 즐거워져서 어쩔 줄 몰라 들썩거리지요.

'바로 한 생각 차이에 순간적으로
극락과 지옥이 만들어진다.'

현재 보고 듣는 이 자리는 하나도 부족함이 없습니다.

하나도 부족함이 없기 때문에 밖으로 구할 것이 전혀 없습니다. 이것이 완전무결하다는 것을 몰라서 밖으로 향하여 구하게 되는데, 그러면 동시에 상(相)이 만들어져 대상을 따라 주(主)와 객(客)이 분리됩니다.

밖을 향하여 달리기 때문에 바로 소를 타고 소를 찾게 되는 겁니다.

이러한 현상이 왜 일어납니까?

바로 '구하는 마음' 때문에 일어납니다.

깨치든 못 깨치든 상관없이 본래 생사生死는 없다

구하는 마음이 왜 일어나겠습니까?

이것이 완전무결하다는 것을 모르고 허황된 생각을 일으켰기 때문입니다.

날개 없는 것이 날아가려고 하면 이것은 이치에 맞지 않아요. 사람은 날개가 없기 때문에 절대 날 수 없습니다.

목마르면 물 마시면 되고, 배고프면 밥 먹으면 해결되는 거예요. 이치적으로 될 수 있는 것이 있고 될 수 없는 것이 있습니다.

날아가고 싶으면 비행기 타고 가면 됩니다. 선천적으로 날개가 있으면 자기 날개로 날면 되고 없으면 날개 대용으로 비행기를 타면 됩니다.

자, 여러분.

지금 있는 그대로를 바로 보면 완전무결하게 다 갖춰져 있습니다. 전부 다 마음이 만들어내는 요술입니다.

하나도 부족함 없이 완전무결, 다 갖추고 있습니다.

완전무결, 이 자리가 무엇입니까?
지금 내 이야기를 듣는 이 자리에요!
이것을 떠나 따로 있는 것이 아니라니깐!

이것은 깨치든 못 깨치든 상관없이
바탕은 본래 생사(生死)가 없어요.

이것은 누가 준 것도 아니고 도망가지도 않습니다.
나이 드신 분들 잘 생각해 보세요.
붙잡고 있지 않았어도 보고 듣는 이놈이 어디 갔었나요?
보고 듣는 이 자리가 태어나서부터 지금까지 한번이라도 어디로 간 적 있었어요?
보고 듣는 것을 통해서 온갖 자기 관념을 일으켜 생각을 쫓아 허우적거린 겁니다.
정신 차려 보면 한 번도 어디 간 적 없었지요?
항상 이 자리!
이것은 한 번도 오고 간 적이 없었습니다.

전부 관념의 노예가 되어 뒤집어지기 때문에 생각 따라 허우적거리다가 한 생을 다 보낸 겁니다.

달마조사로부터 이 조사선이 내려올 때는 이처럼 간단하게 문답으로 바로 열어주었습니다.

바로 그 자리에서 바로 인가한 후 보림(保任)을 통해서 완성하는 것뿐이었습니다.

달마조사 후대로부터 약 800~900년이 흘러서 여러 종류의 선종으로 나뉘어졌는데, 거기서 하나의 종파로 조동종(曹洞宗)이 나왔습니다.

그 종파에서는 묵조선(默照禪)을 했었는데, 이 선(禪)을 하게 되면 고요한 경계를 취해 공(空)에 빠지는 함정이 있어요.

고요한 순간을 경계로 잡고
관념의 집을 지어서 앉아 있게 되는 것.

이처럼 공(空)에 빠지거나 고요한 경계에 빠진 중생을 제도하기 위해서 한시적으로 나온 것이 지금의 간화선(看話禪) 화두 공부입니다. 이 간화선은 그 당시 필요에 의해서 한시적으로 나온 조사선 안의 하나의 공부 방법일 뿐이에요.

그런데 당시에 간화선을 너무 강조하다 보니깐 조사선이 간화선으로 고착화돼 버린 겁니다. 그렇게 흘러 지금에 와서는 간화선 외에는 전부 외도(外道)라고 오해가 생겨버린 겁니다.

그러면 대혜 종고스님 이전 달마조사까지의 많은 조사스님들이 전부 외도가 되어 버리잖아요.

그 조사스님들이 화두로 공부를 지도하셨습니까?

부처님께서는 많은 사람들이 찾아오면 문답 대화를 통해서 바로 깨치게 해주셨죠.

초전법륜 한번 봐 보세요.

다섯 비구를 제도할 때 얼마 지나지 않아서 다섯 비구가 모두 깨치게 됩니다.

그런데 어떤 사람들은 "그것은 진짜 깨침이 아니다"라고 비하하기도 하는데, 그렇게 말하면 안 됩니다.

부처님께서 다섯 비구를 교화 하실 때, 처음 '콘단냐' 비구가 깨칩니다.

부처님께서는 세 번을 연속해서 말씀 하시지요.

"마침내 깨쳤구나!

콘단냐 비구가 마침내 깨달았구나!

지금부터 여래(如來)와 더불어 인천(人天)의 공양을 받을 성자가 탄생했다."

이렇게 바로 인정하십니다.

그리고 점차적으로 얼마 안 되서 다른 비구들도 다 깨친 후,

"여래와 더불어 여섯 명의 인천(人天)의 공양을 받기 합당한

성자가 탄생했다."

이렇게 선언 하시죠.

여기 이 노장이 알기에 소승사과(小乘四果) 라는 것이 있습니다. 얼마나 익어졌느냐에 따라서 수다원, 사다함, 아나함, 아라한 이렇게 나누지요.

물론 지금 보고 듣는 이 바탕자리는 모두 똑 같습니다.

깨달음 자체에 차이가 있는 것은 아닙니다.

깨친 후 뒤집힌 관념을 바로잡는 연습을 통해 완성하다

소승사과(小乘四果)의 깨달음 자체는 모두 같습니다.

다만 얼마나 익어졌는지에 따라 차이가 날 뿐이지, 깨달음 자체에 차이가 있는 것은 아니지요. 이 바탕자리는 한번 바로 알고 나면 더하고 뺄 것이 전혀 없습니다.

다만 보림을 통해서 관념에 다시 뒤집어지지 않는 연습을 하는 겁니다. 깨침과 보림을 통해서 뒤집혀져 있었던 관념들이 바로 잡히는 과정이에요.

근래(近來) 어떤 분께서 돈오돈수(頓悟頓修)를 주장하여 단박에 깨치면 닦을 것 없이 바로 완성된다고 했는데, 그런 것은 부처님 법에 없습니다.

부처님 당시에는 어땠습니까?

부처님의 천이백 제자들이 모두 다 눈이 밝아졌지만, 멀리 떠나지 않고 교단을 만들어서 부처님을 중심으로 완성을 위해 끊임없이 보림을 했습니다.

선명한 지혜가 자기의 것으로 되는 완성의 기간이 필요합니다.

그것을 보림이라 하는 거예요.

그런데 한번 깨달으면 끝난다는 것이 가능하겠습니까?

어림도 없는 소리지요.

'우리 불교는 먼저 깨치고 난 후 완성을 향해 수행해 나가는 겁니다.'

깨치지 못하고 수행하는 것은 어떻습니까?

나침반 없이 항해하는 배처럼 갈팡질팡 허우적거릴 뿐입니다. 나아갈 방향을 모르는데 어떻게 수행이 되겠어요?

깨치지 못하고 수행한다는 것은 태평양 바다에 돛단배 하나 띄어놓고 나침반 없이 제자리 도는 것과 같습니다.

도대체 무엇을 어떻게 하겠다는 겁니까?

서울을 가려면 서울이 어느 방향이고 무엇을 타고 가야 하는지는 알아야 갈 수 있지 않겠습니까?

그런데 방향도 모르고 방법도 모르면서 어떻게 간다는 겁니까?

우리 부처님의 위대한 깨달음은 먼저 견성(見性)을 한 후 수행을 통해서 완성하는 것입니다.

수행을 통해서 마지막에 깨달으면 완성되는 것이 아닙니다.

수행을 통해서 마지막에 깨치면 완성되는 거라고 잘못 알고 있는 것이 우리 불교의 현실입니다.

누구든지 완전무결, 본래 갖추고 있는 이 자리를 떠나서 또 다른 무엇이 있는 것이 아니라는 것을 알고 난 후, 이 바탕자리를 바로 알면 그때부터 수행이 시작이 되는 겁니다.

'오후수행(悟後修行)'.

그런데 여러분들이 잘못 알고 있는 것이 뭡니까?

오랫동안 수행해서 한방에 깨치면 끝난다.

이것이 얼마나 잘못된 것인지 아셔야 합니다.

그래서 이 바탕자리를 바로 본 다음이라야 참다운 부처님 제자라고 할 수 있고 비로소 수행을 시작할 수 있는 겁니다.

서울이 어디인지 방향도 모르고 어떻게 가는지 방법도 모르면서 서울이 어떤 모양인지도 불확실하다면, 막상 서울에 도착했다 하더라도 제대로 당도한 건지 알 수 있겠습니까?

여러분들이 지금 하고 있는 것이 깨달음을 향한 수행이라고 생각하십니까?

부처님 당시에는 부처님을 만나는 사람마다 다 깨쳤잖아요.

먼저 깨친 후에 보림을 통해서 완성해 나가는 겁니다.

깨달음은 모든 종교를 초월해서 누구든지 할 수 있는 보편적인 것

부처님의 위대한 깨달음에는 승속(僧俗), 남녀노소(男女老少), 종교, 인종의 차별이 없습니다. 이 깨달음은 지극히 보편적인 것이지 어느 특정 종교만의 전유물도 아닙니다.

만약 특정 종교만의 전유물이라고 한다면 이것은 보편적 진리가 될 수 없습니다.

왜?

바탕이 다 똑같기 때문에 누구든지 바로 알기만 하면 되는 것이지요. 신뢰하고 노력하면 바로 깨치게 되어 있습니다.

'깨달음은 모든 종교를 초월해서 누구든지 이를 수 있다.'

아주 보편적인 것입니다.

어떤 특정한 사람만 깨달을 수 있고 보통 사람은 아무리 노력해도 안 되는 이런 것이 아닙니다.

만약 그렇다면 우리 불교는 존재할 가치가 없습니다.

특정한 몇 사람을 위해서 나머지는 들러리로 살아야 한단 말인가요? 그런 진리는 없습니다.

그것은 진리라고 할 수조차 없지요.

단, 여기에 조건이 하나 있습니다.

정말로 깨닫고자 하는 절실한 마음과 원력이 있어야 합니다. 간절함만 있으면 누구든지 바로 깨칠 수 있어요.

신비한 깨달음의 세계가 따로 있다는
관념이 강한 사람은 쉽지 않습니다.

지극히 보편적인 깨달음!

만약 부처님 외에 깨친 사람이 없었다고 한다면 불교가 존재할 수 없었겠지요.

그리고 특정한 사람만 깨달을 수 있고 나머지는 들러리라고 한다면 이것은 진리라고 할 수도 없습니다.

중생과 부처는 깨침과 상관없이
본바탕은 그대로 다 똑같습니다.

단지 지금 쓰고 있는 1차 작용이 참 주인이라는 것을 바로 알기만 하면 깨친 것이고 곧장 수행에 들어가는 겁니다.

자, 여러분.

지금 보고 듣는 이 물건이 바로 그 깨침이고, 그 깨침이 바로 지금 보고 듣는 이것입니다.

지금 이 자리에서 이야기를 듣는 바로 이 작용입니다.

45년 불법(佛法)의 핵심이 바로 이것뿐 입니다.

'1차 작용'.
'생각 이전에 바로 보는 자리'.

오직 이것뿐.

작용한 뒤에 멋대로 그려낸 그림은 순간적으로 동시에 만들어진 허상의 세계이니 거기에 속으면 안 됩니다.

구분할 줄 알아야 해요.

부처님께서는 1차 화살, 2차 화살로 나눠서 쉽게 설명해 주셨습니다.

'1차 작용'.

실상(實狀)은 생각이 일어나기 전 눈에 닿으면 바로 보고, 귀에 닿으면 바로 듣는 이 자리입니다.

생각으로 알 수 있는 자리가 아닙니다.

지금 바로 작용하는 것.
인위적으로 보려고 하거나 들으려고 해서
알 수 있는 자리가 아닙니다.

이래서 이 자리는 소소영령한 자리입니다.

어느 누구도 빼앗아 갈 수 없어요.

부처님 제자들도 진리를 찾고자 이미 발심이 된 사람들이기 때문에 만났을 때 바로 다 깨쳤습니다.

이미 간절하게 준비되어 있었던 거지요.

누구든지 스스로 세워둔 관념의 상(相)만 고집하지 않으면 순간적으로 다 눈을 뜰 수 있습니다.

자꾸 이것을 떠나 따로 뭔가를 찾으려 하면 순식간에 '2차 화살'로 떨어져서 자기 관념에 뒤집어져요.

부처님 경전 반야부(般若部)를 전부 다 살펴보세요.

이것을 벗어난 것은 없습니다.

일체 중생 모두 똑같은 부처 성품을 지니고 있는데 왜 남의 부처를 찾아 헤맵니까?

이렇게 소소영령하게 보고 듣고 다 할 수 있는 영역 분명한 자기 부처를 두고 자꾸 밖으로 찾아 나가느냐 이 말입니다. 이 자리를 떠나서 만약 다른 것을 말한다면 전부 다 쓰레기입니다.

우리 부처님께서는 아무리 설명을 해줘도 못 알아듣는 중생들이 너무 가엾어서 근기에 따라 여러 방편으로 그 수준에 맞춰서 하나하나 설명해 주셨습니다.

참으로 감사하고 위대한 분입니다.

인식의 대전환을 통해 주인공을 바로 알다

오늘날 많은 사람들은 자기 공부방법이 틀린 줄은 모르고 허송세월만 낭비하고 있습니다.

"깨달음은 아무나 할 수 있는 것이 아니야!"

하면서 밖으로 허깨비만 찾아 헤매지요.

아니면 지극한 노력이 부족해서 아직 이루지 못한 것이라고 질책하면서 죽을 때까지 한 방법에만 매달립니다.

부처님께서도 고행을 하시고 나서 이 방법이 옳지 않았구나 하시며 방향을 전환해 완성하셨습니다.

'인식의 대전환'.

만약 이것이 누구든지 깨달을 수 있는 보편적인 것이 아니라면 특정한 깨친 사람을 위해 전부 들러리가 되고 맙니다.

얼마나 모순된 일입니까?

보편적이고 평등한 진리라고 해놓고 아무나 깨칠 수 없다?

혹시라도 불교를 믿어야만 깨칠 수 있다는 편협된 생각은 절대 갖지 마세요.

이것은 종교, 인종, 남녀노소를 떠나 누구든지 절실하고 간절하기만 하면 다 깨칠 수 있는 겁니다.

간절하기만 하면 이 자리에서 바로 다 깨칠 수 있습니다.

정말로 깨달아서 내 인생에 주인공으로 살아야겠다는 생각을 갖기만 하면 생사(生死) 없는 도리에 바로 들어갈 수 있습니다.

'생사(生死) 없는 도리를 상상이나 했습니까?'

자, 여러분들!

바로 이것이 부처님께서 일체중생에게 알려주시고자 한 겁니다. 바로 이것이 부처님께서 이 땅에 오신 뜻입니다.

법화경의 내용이 이것과 똑같습니다.

잘 들으세요.

"으 ~ 악!"

지금 보고 듣는 이 자리입니다.

제3부

생각의 노예에서 벗어나 진리를 바로 보다

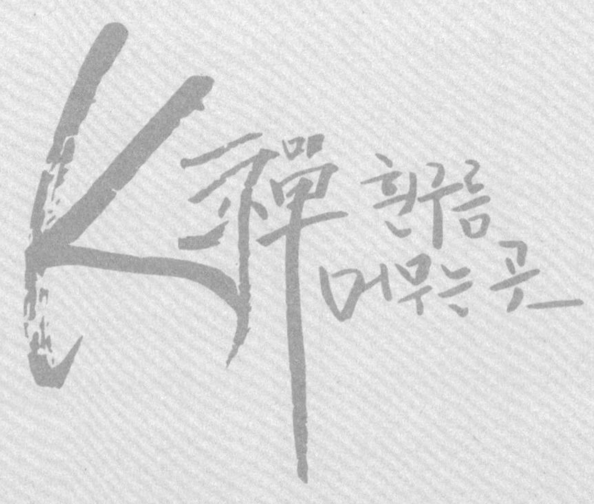

맹목적인 기도와 기복은 바른 불법佛法이 아니다

자, 무슨 이야기를 할까요?

오늘 기분 나쁜 이야기를 좀 해줄까요?

우리는 반드시 꼭 바르게 알고 해결해야 합니다.

기분이 아주 나쁘더라도 오늘은 잘 들으시고 바르게 알아야 할 것은 알고 해결해야 할 것은 해결하도록 합시다.

도둑질을 하더라도 도둑질이 나쁘다는 것을 알고 하면 죄는 좀 덜합니다. 도둑질 하면서 나쁘다는 것을 알고 하면 양심의 가책은 느끼잖아요. 정상 참작이 되는 거지요.

왜 이런 이야기를 하느냐?

우리 불교가 3,000여 년 동안 세계의 종교로 자리매김되고 퍼져나가고 있는데, 우리들이 믿어왔던 불교는 잘못 알고 믿어온 것이 너무 많습니다.

그저 막연히 소원성취를 위해서 손바닥이 두툼한 발바닥이 되도록 '싹싹' 비는 곳으로 알고서 법당에 무턱대고 엎드리는 경우가 대부분이지요?

그렇습니다. 그렇게 소원성취를 빌려고 하면 굿당이나 점쟁이한테 가거나, 깊은 산속에 가서 바위한테 비는 거와 다를 게 뭐 있겠습니까? 단지 절에 와서 비는 것은 불공(佛供)이라 부를 뿐, 산에 가서 바위신이나 천지신명께 비는 것과 별반 다를 게 없는 겁니다.

세계에서 가장 훌륭한 4대 성인(聖人) 가운데 한 분인 우리 부처님께서 설마 겨우 그 정도 수준을 가르치셨겠습니까?

겨우 이 정도 수준의 종교가 3천년 동안이나 이어져 내려 올 수 있었겠어요?

지금 우리가 믿음으로 신앙생활을 하고 있는 이런 것들은 거의 이 수준을 못 벗어나고 있습니다.

자, 세 단계로 나누어서 한번 살펴봅시다.

첫째, 일 년 중 초파일이나 명절 때 몇 번 오는 수준에 법문이라는 것은 아예 들어볼 생각도 안 합니다.

또는 한 달에 열 번을 오더라도 법문에는 전혀 관심 없고 집안에 곤란한 일 있으면 소원성취를 위한 기도나 하고 가는 수준이지요.

둘째, '사람은 자기 스스로 복을 지어서 스스로 받는다.'

좋은 일 많이 해서 복 많이 받는 수준이지요. 그래도 이 정도는 꽤 수준이 있는 겁니다.

잘못된 것은 아니에요. 인과응보를 아는 거니까요.

첫 단계의 기도만 하는 수준을 우리는 기복신앙이라고 합니다. 신(神)을 믿는 대부분의 종교는 이런 기복신앙에서 벗어나기 어렵지요. 물론 우리 불교도 신중단에 불법(佛法)을 옹호하는 역할로 많은 신들을 모셔놓고 있긴 합니다.

하지만 잘 살펴보면 부처님의 깨달음을 얻는데 옹호하는 역할이지 무조건 싹싹 빌기만 하면 복을 주는 의미는 아닙니다.

기복(祈福)의 '기(祈)'는 우리말로 '빌다'라는 뜻의 기(祈)입니다. 맡겨놓은 것도 없으면서 소원성취를 위해서 무조건 뭘 좀 내놓으라고 하는 거죠.

'싹싹' 빌어서 구걸하는 것입니다.

도대체 '누구한테 무엇을' 내놓으라고 하는 것인지는 모르지만 아무튼 싹싹 비는 것이죠.

맹목적인 기도나 기복은 본래 부처님 법에는 없습니다.

삼국시대에 불교가 들어오기 이전부터 나약하고 무지한 백

성들이 민간신앙으로 적당히 산신(山神), 해신(海神), 천신(天神), 목신(木神) 등을 의지하면서 비는 행위가 있었지요.

복(福)을 기원하고 액(厄)을 막고자 행해져 온 토착신앙과 나중에 들어온 불교가 같이 어우러지면서 본래 부처님법과는 거리가 너무 멀어졌습니다.

그 예날 배움도 없었고 먹고 살기 힘든 민초들이 어떻게 부처님의 깊은 법을 알 수 있었겠습니까?

그저 일 년에 몇 번 절에 오면서 온갖 소원들을 머리에 잔뜩 이고 와서 빌 수밖에 없었겠지요.

충분히 이해합니다.

'나무아미타불'.

염불만 외우면 극락 갈 수 있다는 믿음조차 없었더라면 그 힘든 세월을 견뎌내기 무척 어려웠겠지요.

그런데 문제는 부처님법이 처음 들어온 삼국시대의 수준이 2,000년이 지난 오늘날까지 그대로 내려온다는 것입니다.

부처님 법을 알아보려고 하지도 않고 아직도 선대 조상들이 했던 그대로 똑같이 그저 엎어져 비는 것 밖에 모른다 이 말이에요.

그래서 요즘 현대 시대까지 기복불교로 떨어져 머물러 버린 겁니다.

콩 심은데 콩 나고 팥 심은데 팥 난다

기복신앙에서 겨우 수준을 조금 높인 것이 운명이나 사주팔자 타령에서 벗어난 겁니다.

스스로 마음을 잘못 써서 행동이 빗나감으로써 발생한 일들은 모든 사람을 통해서 그 열매가 다시 나에게 되돌아오는 것입니다.

'콩 심으면 콩이 나고 팥 심으면 팥이 난다.'

이것은 신(神)의 존재 여부나 부처님의 그 무엇과도 상관없이 콩을 심으면 싹이 올라와서 콩 열매를 맺게 되어 있습니다. 이것은 우주의 법칙이지 어느 누구에 의해 그렇게 된 것이 아니에요.

사람도 여기에서 벗어나지 못합니다. 사람이 씨를 뿌리고 농사를 지어 열매를 거두는 것이 무엇이냐?

콩을 심어서 콩 열매가 올라오는 것을 비유해 봅시다.

'씨'라고 하는 것! 처음에 사람이 업(業)을 지을 때 무엇을 '씨'라 하느냐?

'한 생각'이에요.

지금 일어나는 '한 생각'이 곧 씨가 됩니다.

그런데 씨를 가지고만 있고 땅에 심지 않으면 올라오지 않겠죠? 생각만 가지고 있고 행동으로 옮기지 않으면 남한테 해를 끼치지 않기 때문에 큰 업(業)은 되지 않아요. 물론 그 생각을 계속 품고 있으면 언젠가는 다시 올라와서 스스로는 해를 입게 되겠지만요.

그런데 막상 생각을 행동으로 옮기게 되면 어떻게 되느냐?

다양한 사람들과 관계를 맺으면서 두루두루 영향을 미치기 때문에 이미 행동으로 옮겨진 책임에서 자유로울 수 없게 됩니다. 이미 뿌려진 씨는 받기 싫다고 해서 되돌아오는 결과를 피할 수는 없는 것입니다.

행동으로 옮기는 것은 씨를 땅에 심는 것이다.

그래서 행동을 통해서 이미 다른 사람한테 영향을 미치게 되면 그것은 그대로 익어서 자기한테 되돌아옵니다. 땅에 씨가 떨어지면 싹이 올라와서 열매를 맺는 것과 같아요. 결과를 받기 싫어도 그것은 어쩔 수 없습니다.

지금 여러분 각자의 삶의 모습은 전부 다르죠.

이것은 지난 과거의 생각과 말과 행동에 의해 만들어진 겁니다. 그래서 그 결과가 지금의 삶의 모습으로 나타나 있는 겁니다. 결국 그 결과는 싫든 좋든 거부할 수 없습니다.

가을이 되어 추수를 많이 한 것은 좋은 씨를 잘 뿌려서 부지런히 가꿔 얻은 결과이지요. 좋은 의도로 남한테 이익이 되는 행동을 지속적으로 함으로써 그 결과가 자기한테 되돌아오는 것이 바로 복(福)입니다.

복(福)은 스스로 뿌리고 가꾼 열매를 얻은 결과이지 그 어떤 대상에게 빌고 구걸해서 얻은 것이 아닙니다.

부처님께서는 바로 이 법을 가르치신 거예요.

스스로 지은 것이 자기에게 되돌아온 것이라는 생각은 하지 못하고, 다급하면 턱 엎어져서 싹싹 빌면서 복이든 뭐든 내놓으라 하는 것은 부처님 법이 아니란 말입니다. 그것은 미신입니다. 너무 불공평하지 않습니까? 그런 법은 없어요. 그런 방법은 예금도 하지 않은 사람이 은행에 가서 돈 내놓으라며 으름장 놓는 것과 똑같습니다.

'소 뒷걸음질 치다 쥐 잡듯' 가끔은 어쩌다 맞아 떨어지는 경우가 생길 수도 있지만 어디까지나 그것 또한 기억은 나지 않지만 언젠가 스스로 만들어 놓은 결과물일 뿐입니다.

그러면서도 또 어떤 일이 잘 안 풀릴 때는 부처님은 영험이 없다며 비난하기도 합니다. 자기가 한 행동은 생각하지도 못하고 다급하면 무턱대고 엎어지는데 그것이 제대로 이루어지겠습니까?

만약 그런 것들이 이루어진다면 그런 부처님은 믿으면 안돼요. 그런 신(神)은 믿으면 안 되는 겁니다. 그것은 평등하지도 않고 보편적이지 않는 이치에요. 그런 것을 믿는 사람들은 죽을 때까지 맨날 그 모양밖에 안 되지요. 이번에 안 되는 것은 덜 빌어서 그러니깐 다음에는 더 싹싹 빌어야지 하면서. 세상 이치를 몰라서 그렇게 어리석은 겁니다. 최소한 이 정도는 알아야 사람답다고 할 수 있습니다.

苔片片出源深
鐵牛耕破洞

한 생각이 운명을 결정짓는 씨앗이다

'한 생각이 모든 업(業)의 씨앗이 되고 행동은 씨를 땅에 심는 것이다.'

한 번 씨를 뿌리게 되면 좋든 싫든 관계없이 올라와서 열매를 맺게 되어 있습니다. 그래서 좋은 열매를 많이 맺으려면 씨를 잘 선택해서 뿌려야 합니다.

인생으로 말하면 업을 짓는 근본이 되는 지금의 생각이 정당하고 올바르게 타인에게 이익이 되는지 것인지, 욕을 먹는 것인지를 잘 살펴봐야 합니다.

잘 살펴보면 두 가지가 나옵니다.

자기 욕심에 꽉 차버리면 남에게 해를 좀 끼치더라도 가볍게 넘기면서 자기 합리화를 통해 행동으로 옮기게 됩니다.

그런데 그 다음에 오는 손해가 얼마나 큰지 아십니까?

눈앞에 이익은 조금 생겼을지 모르지만 나중에 그것이 어떻게 되돌아 오느냐?

그런 일이 주위에 소문으로 퍼지면서 서서히 좋지 않은 시선과 감정들이 쌓이게 되고 여러 번 누적되면 나쁜 사람으로 낙인 찍히게 됩니다. 그런 후부터는 일어난 모든 나쁜 일의 원인을 그 사람에게서 찾게 됩니다. 그 사람이 하는 일은 절대로 도와주지 않게 되지요. 무슨 일을 해도 절대 도와주지 않고 설령 좋지 않은 일이 생겨도 절대 막아주지 않습니다.

이런 삶은 손해가 얼마나 큽니까?

사실은 스스로 자초한 것입니다. 그런데 스스로 돌아볼 생각은 못하고 자기가 한 행동은 모두 잊어먹고 끊임없이 다른 사람을 원망하고 운명을 탓하면서 인생을 비관합니다.

최대한 남한테 피해를 끼쳐서는 안 됩니다. 조금 더 생각해보면 자기가 손해를 좀 더 보더라도 많은 사람들에게 이익이 될 수 있으면 그것이 곧 공심(公心)이 되고 보살행이 되는 것입니다.

이러한 공심이 되돌아올 때는 이자가 눈덩이처럼 불어서 서서히 나타나지요. 모든 사람들이 도와주고 방어해 주며 항상 주변에 즐거움이 넘치게 됩니다.

반면, 돈은 많은데 인덕을 갖추지 못하면 주위에 사람이 없고 외로워지지요. 그 돈은 죽을 때 하나도 못 가져 갈 것이며 죽은 후엔 그 악명이 자식들한테까지 영향을 미쳐서 그 후손들이 업(業)을 다 받게 됩니다.

한 생각의 차이에서 벌어지는 일들이 이렇게 다르게 나타납니다. 그래서 처음 행동하기 전에 생각을 잘 관찰해서 바로 잡으면 그때부터 행동이 달라지기 시작하고, 행동이 달라지면 습관이 고쳐지기 시작합니다.

습관이 잘 만들어지면 인격이 되고 인격이 완성되면 운명은 인격을 따라 저절로 만들어지게 되어 있습니다.

생각은 행동을, 행동은 습관을, 습관은 인격을,
인격은 자기 운명을 만들게 된다.

결국은 한 생각으로부터 시작되는 것입니다.

생각을 떠나서 행동이 따로 일어나지 않습니다. 먼저 생각을 바로잡는 법을 관찰하고 연습을 해야 합니다. 그때부터 부처님께서 말씀하신 도리들이 조금씩 맞아 떨어지게 됩니다.

자기 하고 싶은 대로, 기분 나쁜 대로 남한테 다 행동해 놓고서 다급하면 부처님께 와서 싹싹 빌며 원하는 것을 달라고 하는 것은 참으로 옳지 않습니다. 그것은 참다운 사람의 모습이 아닙니다.

스스로의 생각과 행동을 바로잡음으로써 새로운 인생이 펼쳐지게 되는 겁니다.

제 1회 백운암 전국 워크샵
백운스님과 함께하는 지혜의 축제
일시 : (불기 2560년)2016.8.27 ~ 2016.8.28. 장소 : 전북자연환경 연수원

한 생각은 어디에서 일어나는 것인가?

생각은 운명을 바꾸는 씨앗입니다.

그러면 이렇게 중요한 한 생각은 어디에서 일어납니까?

생각은 수 없이 일어났다가 사라지기를 되풀이 합니다.

그런데 이 생각이 일어나는 바탕을 아는 사람은 없습니다.

편의상 생각이 일어나는 바탕을 마음이라고 해 봅시다.

마음이라는 이름을 붙여도 사실은 틀립니다.

생각은 일어났다가 소멸하지요.

생기고 없어지고 또 다음 생각이 일어나서 소멸합니다.

그런데,

우리는 그 일어난 생각만을 쫓아다니면서 살아 왔습니다.

생각은 상상을 통해서 끊임없이 그림을 그려 냅니다.

그려진 내면의 세계는 사라지고 만들어지고 다시 사라지면서 변화가 끝없이 계속됩니다.

그런데 생각으로 만들어낸 마음의 그림이 세상의 전부인 줄 알고 또 이것이 진짜 자기의 모습인 줄 알고 살아왔습니다.

전부 생각의 노예로 살아온 겁니다.

생각에 끌려 다니면서 기쁘고 슬프고 즐겁고 화나는 감정의 노예가 된 것입니다.

모든 것들은 생각에 의해서 만들어진 것입니다. 그런데 이러한 생각이 일어나는 바탕은 아무도 모르고 있습니다.

도대체 이 생각은 어디에서 일어나는 것인가?

자. 이것을 잘 보십시오.

(주장자를 법상에 내려치다) 쿵!

이것을 그냥 보고 들었지요?

이 공간에서 눈을 뜨고 있으면 누구나 다 보고 들을 수밖에 없습니다.

자, 이 보고 듣는 것은 스스로 생각해서 보고 들은 것이 아니라 그냥 눈앞에 나타나니 보이고 들렸을 뿐입니다.

생각할 필요 없이 그냥 보고 듣게 되었지요?

이것을 부정할 수 있겠어요?

그냥 보이고 들은 겁니다.

그런데 보고 난 후 그와 동시에 여러 가지 상상을 일으켜요. 그런 후 그 상상을 통해서 마음에 그림이 만들어집니다.

보고, 듣고, 냄새 맡고, 맛보고, 몸으로 느끼는 오감(五感)을 통해서 받아들이는 것을 1차적인 작용이라고 합니다.

'1차 작용'.

1차에서 바로 작용하는 것은 전혀 문제가 없는데, 그 뒤에 생각으로 붙여 나가면서 상상을 통해 마음의 그림이 그려져요. 그렇게 그려진 그림은 가짜이지만 실제인 것처럼 여겨지기 때문에 그 가짜 그림에 조종을 받게 됩니다.

그렇기 때문에 꿈꾸는 것처럼 돼버려요.

하지만 그것이 꿈인 줄을 모릅니다.

가짜가 진짜처럼 여겨지니 꿈인 줄 모르는 것이지요.

인생 전체가 이렇게 가짜에 속는 것입니다.

스스로 그린 상상의 그림에 속아서 거꾸로 뒤집히다

밤에 잠을 잘 때 꾸는 꿈은 보통 낮에 일어났고 생각됐던 것들이 현실처럼 영상화 되어서 나타난 것입니다. 하루 종일 있었던 일들 중 강한 느낌이 꿈으로 나타나지요.

예를 들어 기분 좋은 느낌이 강하게 남으면 꿈에서 목욕을 할 때 시원한 맑은 물처럼 청량하게 느껴지게 되고 걸어갈 때는 날아가는 새처럼 아주 가볍게 느껴지지요.

반대로 기분 나쁜 느낌이나 양심에 가책되는 일이 강하게 남으면 무엇이 쫓아오는데 도망을 치려해도 도망을 못 치게 되고 진땀만 흐르면서 공포감에 빠지게 됩니다.

낮에 있었던 강한 느낌이 저장되어서 꿈에서 3차원 영상으로 재현되는 것이지요.

악몽은 깨지 못하면 바로 지옥과 같습니다.

밝은 생각으로 좋은 일하며 떳떳하게 생활하는 긍정적인 상태는 그대로 영상화 되어서 꿈에서도 훨훨 날아가고 기쁨의 상태로 느껴집니다. 물론 아무리 천상의 극락처럼 느껴지더라도 겨우 꿈에 불과한 것이지요.

이처럼 천당과 극락도 한 생각으로 만들어지는데, 이것이 꿈인 줄 몰라서 깨지 못하게 되면 천당과 극락이 진짜 현실이 되어 조건이 다할 때까지 천상의 꿈을 꾸게 되는 것입니다. 물론 이 또한 꿈에서 깨고 나면 허깨비이고 허상이지요.

인생자체가 이와 같습니다. 긴 꿈과 같지요.

아무리 좋은 꿈도 꿈인 줄 모르면 허상에 속아 헛된 기쁨을 누리게 되고, 만약 악몽을 꾸게 되면 그것은 비록 꿈일지라도 엄청난 고통을 맛보게 되는 것입니다.

좋은 꿈이든 악몽이든 조건이 다하면
반드시 사라지게 되어있습니다.

결국은 사라지게 되는 허상에 속아 울고 웃는 해프닝을 벌이는 것입니다.

인생자체가 왜 꿈과 같을까요?

수없이 보고 들은 것을 통해서 상상으로 만들어진 세계가 실제인 것처럼 되고 거기에 빠져서 묶이게 되기 때문입니다. 스스로 만든 자기 그림 세계에서 못 빠져 나오면 그 환상에 묶이게 됩니다.

이래서 인생은 하나의 꿈인 것입니다.

그런데 정말 꿈입니까?

꿈을 만드는 근본 성품은 끊임없는 작용을 통해서 상상으로 그림을 그려내지만, 지금 이야기를 듣고 있는 그대들의 본래의 성품은 생기고 없어진 자리가 아닙니다. 이것은 누가 준 것도 아니고 빼앗아 갈 수도 없는 자리입니다.

다 똑 같잖아요. 모두 똑같은 것을 가지고 있습니다.

이렇게 주장자를 들면 보는 데까지는 실상이 그대로 작용한 1차 작용인 것입니다.

보고 난 후에 상상을 통해 덧붙어진 그림이 바로 2차 작용이에요. 2차 작용의 허상에 묶이면 꿈을 꾸는 것처럼 되어버립니다.

생각할 필요 없이 단순하게 바로 보는 이 자리.

1차 작용!

실상 작용!

그 뒤에 상상을 덧붙여 이미지화 되면서 마음에 갖가지 세계가 만들어지는 것.

2차 작용!

허상!

이 허상은 중생이 꿈꾸는 것과 똑같은 현상이 됩니다.

그래서 진속(眞俗)이 따로 없다고 하는 것입니다.

실상작용, 1차 작용은 끊임없이 이어지면서 나타납니다.

하지만 작용 한 뒤에 남는 2차 작용을 통해서 자기 스스로 뒤집어집니다.

반야심경의 전도몽상(顚倒夢想)입니다.

'스스로 그린 그림에 거꾸로 뒤집어진다.'

상상을 통해 그린 자기 그림에 거꾸로 엎어지기 때문에 가짜의 세계가 자기의 실제 세계인양 착각하게 됩니다.

뒤집어져서 꿈꾸는 것처럼 되어 버리지요.

반야심경의 핵심 내용이 바로 이것입니다.

상상의 그림인 고정관념에서 벗어나면 해탈이다

자, 여기서 부처와 중생을 어떻게 구분할 수 있겠습니까?

지금 바로 작용하는 실상 자리.

1차 작용은 조건이 생기면 바로 반응하는 자리 여기까지입니다.

그 뒤에 덧붙어서 상상에 의해서 만들어진 것은 모두 꿈과 같은 허상. 2차 작용입니다.

이것이 계속 교차되는 것입니다. 1차 작용이 일어남과 동시에 2차 작용이 그림을 그려내고, 다시 또 새로운 1차 작용이 일어나면서 2차 작용의 그림이 겹치게 되면서 뒤죽박죽 뒤섞여 버립니다.

하지만 교차되는 가운데에서도 계속해서 뒤죽박죽되지만은 않습니다.

2차 작용.
상상의 세계는 계속 되풀이되다가
새로운 1차작용이 강하게 들어오면
바로 사라져 버립니다.

쉽게 말하면 깊은 생각에 빠져서 정신없이 끌려가다가 갑자기 누가 나타나서 이름을 크게 부르면 생각은 온데간데없이 바로 사라져 버리고, 부르는 이름에 대답을 하는 실상만이 작용하게 됩니다.

듣는 이근(耳根)의 실상이 작용하면서 2차 작용인 허상은 바로 사라져버리는 것이지요.

생각이 끊임없이 이어지다가 새롭게 들어오는 강한 1차 작용에 의해서 그것은 흔적도 없이 사라지면서 다시 2차 작용인 허상이 생기고, 또 사라지고, 다시 새로운 작용이 시작되지만 또 다시 사라지기를 반복합니다.

이처럼 계속해서 교차합니다.

계속 뒤죽박죽 교차되면서
꿈인지 생시인지 헷갈리게 됩니다.

그렇기에 일상생활에서는 어떤 외부의 강한 자극이 없는 이상은 스스로 일으킨 상상에 의해서 노예가 되어 살게 되는 것입니다. 그 생각에 지배를 받으면서 희로애락(喜怒哀樂)의 갖가지 인생사가 실제처럼 벌어지게 되는 것이지요.

바로 이러한 세계를 관념의 세계, 중생의 세계라고 합니다.

상상의 세계가 가짜인 줄 먼저 바로 알고 난 후
거기에 묶이지 않는 연습을 통해
그림의 노예에서 벗어나면 해탈한 것입니다.

그러면 어떻게 해탈 하느냐?

그것은 모든 2차 작용이 허상(虛想)이라는 것을 먼저 정확히 알아야 합니다. 허상이라는 것을 알게 되면 들어오는 생각에 상관을 안 하게 됩니다. 들어오는 생각에 관여를 할 필요가 없게 되지요.

생각에 관여 하지 않는 것은
곧 일어나는 생각을 그대로 받아들이는 것.

생각을 아무리 받아들여도 그 생각에 집착을 하지 않게 됩니다. 집착을 안 하면 생각이 들어왔다가 바로 흔적도 없이 사라져 버려요.

이러한 이치를 바로 알고 허상에 속지 않으면 언제나 실상의 세계를 살게 됩니다. 이러한 실상의 세계가 바로 물들지 않는 부처의 세계입니다.

부처님과 중생의 차이는 바로 이것뿐!

이렇게 진속(眞俗), 실상과 허상이 계속 교차되면서 끊임없이 뒤바뀌고 있어요. 뒤바뀌면서도 어디까지가 실상이고 어디까지가 허상인 줄을 모르기 때문에 뒤죽박죽 혼란스럽게 되고 정신을 차리지 못하게 됩니다.

요즈음 우매한 사람들은 부처님 법을 이렇게 가르칩니다.

『생각은 몽땅 다 허상이다.

생각을 일으키는 말로 할 수 없는 바탕자리의 실체가 있다.

생각으로 이를 수 없는 신비한 세계가 있기 때문에 그것을 봐야 한다.』

이렇게 말하니깐 마치 보통사람들은 접근할 수 없는 신비한 그 어떤 세계가 따로 있는 것처럼 환상을 갖게 됩니다.

실제의 세계인 실상, 1차 작용.

상상의 세계인 허상, 2차 작용.

실상과 허상은 본래 나눌 수 없는 것입니다.

하지만 방편으로 어쩔 수 없이 나누어 설명하자니 1차 작용은 보고 듣는 것까지, 그 다음 상상을 통해 들어가는 환상의 세계, 중생의 세계는 2차 작용이라고 합니다.

하지만 이것은 따로 떨어져 분리될 수 있는 것은 아닙니다.

그런데 어쩔 수 없이 방편으로 나누었던 실상과 허상을 이분법으로 또 완전히 분리하여 머무르게 되면서 실제가 아닌 말(言)일 뿐인 것에 또 속습니다.

'이것까지는 실상이고 저것은 허상이다'.

본래 분리될 수 없는 것임을 알면 방편으로 제시한 실상과 허상이라는 말에 속지 않을 수 있습니다.

허상이라고 하면 본래 실재하지 않는 경계를 뜻하는 것인데, 말(言)인 즉 허상인 것을 알아버리면 허상의 경계를 따로 세우지 않음으로써 허상에 집착을 하지 않게 됨으로 스스로 벗어나는 길이 나옵니다.

자, 여러분들.

가장 우선적으로 시급히 해결해야 할 것은 실상작용, 1차작용, 부처의 세계를 확실하게 체득을 해야 합니다. 머리로 이해하고 이론으로 알아서는 근처에도 접근 할 수 없습니다.

지식으로만 아는 것은 아는 것 따로 생활 따로 끊임없이 평행선을 달리게 됩니다.

가슴으로 체득하고 깨달아야 합니다.

망상은 작용 후 상상이 덧붙어 만들어진 허상이다

참 쉽습니다. 어렵지 않습니다.

알고자 하는 간절한 마음만 있으면 단박에 깨칠 수 있습니다. 여러분들은 완전무결하게 다 쓰고 있기 때문입니다.

(주장자를 법상에) 쿵!

이렇게 소리를 듣고 눈으로 보는 순간 실상이 바로 작용합니다. 인위적으로 보려고 하거나 의식해서 들으려 하면 이미 한참 벗어납니다.

지금 보고 듣는 것은 허상이 아닙니다.

하지만 작용한 후 바로 사라지게 됩니다.

순간 작용했다가 사라진 후에 상상으로 붙인 세계는 이미 허상의 세계입니다. 이렇게 반복적으로 교차하면서 뒤바뀌어 버립니다.

자, 잘 보세요.

1차 작용은 생각을 통해서 보는 것이 아니죠?

이것을 뭐라고 하는지 아십니까?

'한 생각 일어나기 전 세계.'

1차작용은 의식적으로 애써서 보고 듣는 것이 아닌 인연만 되면 바로 보고 들리기 때문에 생각 이전의 세계일 수밖에 없습니다.

'망상은 결국 1차 작용 후
상상이 일어날 때 덧붙은 것이다.'

그런데 실상과 허상이 반복적으로 계속 교차하며 뒤죽박죽 헷갈리게 되면서 '생각 이전의 소식'이라고 하니깐 생각 자체를 모조리 도매금으로 싸잡아 버리려고 합니다.

또한 어떤 신비한 부처세계가 따로 있다고 상상으로 기정사실화 해놓고 가상의 세계를 확정해 버립니다.

이처럼 두 조각으로 분리시켜 버립니다.

'참나' 찾는 공부를 한다 하면서 참나를 찾는 놈과 신비한 대상을 설정해 놓고 따로 두 쪽을 내버립니다.

지금 이 자리에서 보고 듣는 작용이 실상, 참나, 부처이지 이것을 떠나서 따로 신비한 대상을 설정해 놓고 찾으려 하면 아무리 찾아봐야 찾을 수 없습니다.

'말 이전의 소식'.

'한 생각 일어나기 전 소식'.

이렇게 표현 하는 것이 설명은 정확합니다. 하지만 이해하는 과정에서 1차 작용과 2차 작용을 제대로 알지 못하고 생각 자체를 몽땅 허상으로 고정시켜 버리기 때문에 허상에 상응되는 실상세계가 따로 있는 것처럼 두 쪽을 내버리게 되는 것입니다.

이처럼 법이 이어지는 과정에서 제대로 알지 못하고 전해졌기 때문에 후학들이 많은 고생을 하게 된 겁니다.

우리가 모서리에 머리를 무심코 쩡고 탁! 부딪혔을 때 아프려고 해서 아픈 것이 아니라 그냥 아프지요.

'안 · 이 · 비 · 설 · 신'의 1차 감각작용은 생각을 통해서 하는 것이 아니라, 인연만 되면 그대로 작용하게 됩니다.

만약 1차 작용이 조작에 의해 내가 보고 들으려는 의지로 만들어진 것이라면, 같은 조건에서는 나의 의지대로 보지 않거나 듣지 않을 수도 있어야 합니다.

하지만 동일 조건에서 같은 대상을 따라 감각기관이 접촉하면 의지에 상관없이 보고 듣는 작용이 일어나게 됩니다.

조건에 따라 저절로 작용하기 때문입니다.

1차 작용 후 상상으로 만들어진
허상이 실제처럼 착각되어 뒤집힌다.

1차 작용이 일어나는 바탕의 근본은 모양이 없기 때문에
어떤 형상으로도 볼 수가 없다.

근본 바탕은 모양으로 볼 수가 없기 때문에 어떤 형상으로도 인식될 수 없으며, 작용하고 남는 것은 단지 2차 작용을 통한 상상의 그림일 뿐이다.

그러니깐 눈으로 보는 작용을 하면서 모양으로 보려고 하면 볼 수가 없는 것입니다.

금강경에 여래는 모양과 음성으로 보고 들을 수 없다고 했습니다. 모양과 음성으로 보고 들으려 하면 삿된 도(道)에 들어간다고 했어요. 모양으로 보고 음성으로 듣는 것은 모두 허상이라고 했습니다. 상상의 세계인 것입니다.

그런데 우리는 어떻습니까?

어느 신통을 부리는 스님이나 무당이 있어서 비현실적인 어떤 형상을 보여주면 정신을 못 차리고 쫓아다니지요?

깨달음과 해탈은 그러한 신통이 갖춰져야 하고 사람의 능력을 초월하는 그 무엇이 있어야 한다는 자기 환상이 강하게 심어져 있으니, 정작 부처님의 바른 가르침을 접한다 해도 제대로 들리겠습니까? 부처님의 바른 가르침이 제대로 들어오겠느냐 이 말입니다.

허상이 아무리 휘황찬란해도 이 가운데 실상은 끊임없이 작용하지만, 허상은 실상작용이 일어날 때마다 밀려나가고 다시 들어오고 되풀이됩니다. 계속해서 되풀이 되며 뒤바뀌는 것이죠.

윤회에서 벗어나지 못하고 뒤바뀐 생각을 쫓아다니며 끊임없이 돌고 돌게 됩니다.

허상의 실체를 바로 알아 부처님 세계로 들어가다

1차 작용.

실상 작용.

부처님 세계.

이 자리는 본래 더하고 뺄 것이 하나도 없는 완전무결한 자리입니다. 앉고 싶으면 앉고, 서고 싶으면 서고, 배고프면 밥 먹고, 가고 싶으면 어디든 다 갈 수 있는 하나도 부족함 없는 자리인 것입니다. 부족함이 없기 때문에 이 자리만 확실하게 체득되면 더 이상 구할 것이 없습니다.

본래 구할 것이 없는 것인데 구하는 한 생각이 일어남과 동시에 대상 세계가 만들어집니다.

'구(求)하는 한 생각과 대상세계가 동시에 만들어진다.'

구하는 생각이 일어남과 동시에 대상세계가 펼쳐지니 바로 속게 됩니다. 본래 완전무결하게 다 갖추고 있는데 잘 모르기 때문에 자꾸 밖으로 구(求)하게 되는 겁니다.

허황된 것을 구하면 안 됩니다.

날개 없는 것이 날아가려고 하면 허황되지요?

그런 법은 없습니다. 조건이 안 되는데 자꾸 신통 같은 타력을 의지해 구하려고 하면 욕심에 사로잡히게 되고, 그것을 좇아 나가게 되면 삿되게 흘러 악도(惡道)에 들어가게 됩니다.

욕심이 맑은 생각을 미혹하게 만들고, 그러면 바로 미신(迷信)에 떨어져 귀신의 노예가 됩니다. 자기가 만든 상상의 귀신이지요. 날개 없는 것이 날개가 생겨 날아가는 상상을 하게 되면 삿된 길에 빠져 귀신 굴에 들어가게 됩니다.

사이비 신앙. 사이비 종교.

그것이 바로 우상(偶像)이고, 우상의 노예가 되는 것입니다.

본래 청정한 주인은 어디 가고 없고, 인생 전체가 우상의 노예가 되어 질질 끌려 다니게 되는 것이에요.

'1차 작용, 실상 작용, 부처님 세계'.

바로 항상 쓰고 있는 이 물건입니다.

모두 다 평등하게 쓰고 있는 이 자리가 부처님 세계이고 실상 작용입니다. 이렇게 완전하게 불생불멸(不生不滅)의 세계를 갖추고 있으면서도 2차작용에 의한 그림에 뒤집혀지기 때문에 끊임없이 고통을 받는 겁니다.

이것이 부처님께서 우리에게 가르쳐주신 내용입니다. 45년 동안 온갖 비유를 다 동원해 말씀해 주신 것이 바로 이것 하나를 가르쳐 주시기 위함입니다.

금강경에,

'모든 상은 다 허망하다.'

'법에도 머무르지 않아야 하는데 하물며 비법에 머물러서 되겠느냐?'

'한 법도 세우지 마라.'

여기서 법은, 법이라 함과 동시에 2차 작용을 통한 자기가 만들어 설정해 놓은 고정된 관념의 법에 갇히게 됩니다.

법은 이름이 법일 뿐!

생각으로 만들어진 관념의 법이 아닙니다.

이 물건!

참다운 법은 완벽하기 때문에 조금이라도 조작을 하게 되면 전부 2차 작용에 떨어지게 됩니다. 바로 이것을 바르게 아는 것입니다.

완전무결,
모두 갖춰져 있는 것을 바르게 아는 것이 견성(見性)이

고, 생활 속에서 바로 쓰는 연습을 하는 것이 수행입니다.

그러면 환상에 속지 않고 항상 실상세계에서 불생불멸의 참다운 삶을 살 수 있습니다.

이렇게 사는 사람을 일러,

'눈 뜬 사람'.

'부처님'.

'성인(聖人)'.

또 이 실상자리를 일러,

'본래면목'.

'참나'.

'불성(佛性)'.

'법신(法身)'.

다양한 이름으로 부릅니다.

실상자리는 모양으로 보거나 음성으로 들을 수 없습니다.

자꾸 모양으로 보고 음성으로 들으려 하니 2차 작용인 허상을 보고 듣게 되는 것입니다.

즉 여러분들이 보고 듣는 모든 것은 참 모습이 아니고 허상을 보고 듣는 것입니다.

진실한 부처님 세계는 오직 작용으로 드러난다

이제 1차 작용과 2차 작용을 명확하게 구분할 수 있어야 합니다.

2차 작용인 망상은 무엇입니까?

지나간 과거의 기억이 좋든 싫든 내 의지와 관계없이 자꾸 떠올라서 괴롭히는 것을 망상이라 하지요.

또 아직 오지 않은 미래세계에 갖가지 상상을 붙여 쫓아 나가서 빠져드는 것 또한 망상이라고 합니다.

어쨌든 현재 나의 의지와 상관없이 계속 떠올라서 괴롭히는 것을 모두 망상이라고 합니다.

그런데 잘 살펴보면 모든 생각이 다 망상은 아닙니다.

필요에 의해서 저절로 일어나는 생각이 있어요.

배가 고프면 밥을 해서 먹고, 시장을 가고, 필요한 일을 찾아서 생각하는 것을 망상이라고 하지는 않습니다.

필요한 생각은 저절로 일어나는 실상 작용입니다.

구분해서 적용할 줄 알아야 해요.

모든 생각을 무조건 다 망상이라 해버리면 그것은 바윗덩이와 차이가 없지요. 이렇게 구분할 줄 모르면 여러분들은 부처님 법을 제대로 알 수가 없어요.

자, 이 실상자리는 작용이 일어나지 않으면
찾을 수 없게 되어 있습니다.
이 물건은 작용을 따라 드러날 뿐입니다.

부처님 세계, 참나, 실상작용, 본래면목, 주인공이라고 불리는 이 자리!

이 자리는 무명무상(無名無相)입니다.

이름도 없고 바탕이 없어 모양으로 볼 수 없기 때문에 어떤 설명으로도 그려낼 수 없지요.

이것은 작용을 통해서만 드러납니다.

눈에 나타나면 보고, 귀에 닿으면 들을 수 있고, 부딪히면 촉감을 통해서 알 수 있는 작용을 통해서만 드러납니다.

보고 듣는 것이 끊임없이 반복되니깐 작용은 계속 드러나고, 그 가운데 실상은 끊임없이 작용으로 항상 합니다.

만약 이것을 떠나서 휘황찬란하고 신비한 부처님 세계가 따로 있다고 하면 그것은 자기가 만든 상상의 세계입니다.

2차로 만든 상상의 허황된 세계!

거기에 속는 겁니다. 끊임없이 계속해서 부처님 세계를 찾는 놈과 찾는 대상이 분리 되서 거기서 허우적거리게 됩니다. 그렇게 해서는 절대 해탈 못합니다.

'알고 나면 세수하다가 코 만지기보다 쉽다'.

왜?

항상 쓰고 있는 이 물건이니깐.

지금 이 노장의 말을 듣고 있는 여러분들의 바로 그 자리입니다.

이것은 끊임없이 작용을 합니다. 작용하되 작용으로 드러날 뿐이지 그 바탕자리는 모양으로 찾을 수 없어요.

인연만 되면 작용할 뿐.

아주 중요합니다.

잘 들으셔야 합니다.

작용을 떠나서 바탕자리가 별도로 존재한다고 해버리면 또 하나의 상을 세우게 되는 거예요.

별도의 바탕자리가 항상 존재한다는 지금 일으키는 그 생각이 또 하나의 거대한 상(相)으로 자리 잡아 스스로를 묶이게 합니다.

실상작용!

아주 보배 중의 보배입니다.

누가 빼앗아 갈수도 없고 가만 놔둬도 도망가지 않습니다.

항상 이와 같고 이와 같지요. 언제나 여여(如如)합니다.

이 보배는 너무 가까워서 바르게 알지 못하고 소홀하게 대접하는 겁니다. 본래 부처인 우리가 중생노릇을 하는 이유를 여기서 명확하게 알 수 있습니다. 2차 작용을 따라 상상의 세계로 거꾸로 뒤집혀서 들어가기 때문입니다.

거꾸로 뒤집히는 것을 전도몽상 되었다고 합니다.

인생은 이렇게 끊임없이 되풀이됩니다.

밖으로 상상의 세계를 따로 찾으려고 하니깐 거꾸로 뒤집힙니다. 지금 보고, 듣는 이 자리를 떠나서 따로 찾으려고 하니까요.

'소를 타고 소를 찾으러 나간다'.

얼마나 어리석습니까?

그렇지요? 맞지 않지요?

밖을 향해 찾지 마십시오.

지금 보고 듣는 이 자리뿐입니다.

이것을 모르면 평생 동안 허우적거리다 밖으로 떠돌고 맙니다. 법화경에서 원래 부잣집 아들이 제 집인 줄도 모르고 머슴을 살면서 끊임없이 밖을 향하여 떠돌아다니듯이.

얼빠진 사람들이 가르치는 것을 보면 신비한 부처님 세계가 휘황찬란하게 따로 있는 것처럼 묘한 뉘앙스를 풍깁니다. 사실은 가르치는 자기가 모르기 때문에 남도 속이고 자기도 속는 것이지요.

봉사가 자비심을 내서 앉은뱅이를 업고 다리를 건너다 둘 다 쳐박혀 죽는 꼴입니다.

동업중생(同業衆生)!

유유상종(類類相從)!

어느 것이 가장 큰 보배입니까?

여러분들이 지금 이 백운노장의 이야기를 듣고 있는 바로 그 자리입니다.

이것은 누가 빼앗아갈 수도 없고 가만 놔둬도 도망도 안갑니다. 어디서 온 적도 없고 갈 수도 없습니다.

인연만 되면 작용할 뿐.

단지 작용으로 드러날 뿐이지 근본 바탕자리가 별도로 항상 존재하는 것은 아닙니다. 별도의 근본 바탕자리가 항상 존재한다는 그 생각이 바로 지금 일어난 망상입니다.

중생과 부처는 하나의 뿌리이지 따로 있는 것이 아닙니다.

견문각지(見聞覺知) 작용을 떠나서 따로 부처를 찾으려고 하는 자는 모래를 쪄서 밥을 짓는 것과 똑같습니다.

지금 작용하는 이 물건을 떠나서 따로 부처를 찾으려고 하면 찾을 수 없습니다.

재(齋)를 올리는 것과 천도시식을 하는 목적이 바로 이것입니다.

이 세상이든 저 세상이든 각 세상에서 살면서 환상에 빠져 자기 그림에 허우적거리는 사람들에게 꿈 깨라고 알려주는 것입니다.

지금 보고 듣는 이 자리입니다.
꿈 깨십시오!

제4부

무아無我와 공空을 바로 알아 중도를 체득하다

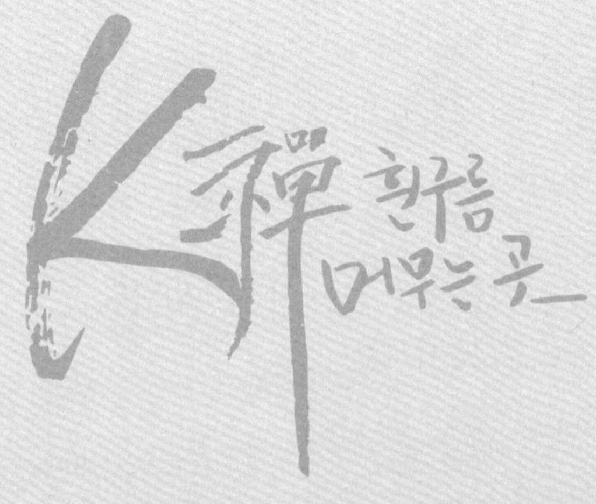

산속 암자의 아침!

새하얀 안개구름이 별천지를 만들어낸다.

경주 남산에 자리하고 있는 백운암은 삼삼오오 모이기만 하면 법담(法談)으로 꽃을 피운다.

여느 아침이다.

"댕! 댕! 댕!"

아침 공양을 알리는 종이 울린다.

다 같이 둘러앉아 공양을 마치고 담소를 나눈다.

불교신문에 게재된 깨달음 공부 관련 기고문 하나를 아침 공양자리에 끌고 온다.

들어볼만한 주제였는지 암자 식구들이 모여든다.

지대방으로 자리를 옮겨 향긋한 차 한 잔과 함께 법담을 꽃피운다.

【핸드폰 녹음이 시작된다】

무아(無我)!

굉장히 조심스럽고 위험하며 민감한 개념이지만 반드시 해결해야 할 가장 궁극적인 깨달음이야.

무아(無我)!

한자 그대로 번역하면 '나는 없다, 없는 나'.

순식간에 '없다'는 강한 관념에 사로잡히게 되지!

단멸상(斷滅相)!

사람은 항상 상대적 관념에 떨어지기 때문에 어느 하나를 세우면 반드시 반대급부(反對給付)가 생기게 돼.

동(東)을 가리키면 동시에 서(西), 남(南), 북(北), 상하좌우(上下左右) 팔방이 동시에 형성되는 것처럼 말이야.

나를 세우면 동시에 남, 우리, 전체가 형성되고, 없다는 것을 세우면 동시에 있음이 만들어지거든.

선(禪)에서 참나(眞我)와 주인공을 지나치게 강조하면서 '불생불멸의 나는 존재한다.'는 강한 고정관념이 만들어져 왔느니…….

'나'라는 강한 고정관념에 묶이면서 '나'라는 관념을 위주로 고집을 부리고 그것이 전부인양 빠져있는 사람들의 잘못된 견해를 타파하는 과정에서 '무아(無我)'가 등장하게 된다.

그런데 무아(無我)라고 하니까 또 다시 '나'라는 본래의 근본

자리가 아예 하나도 없다는 단멸상에 떨어진다.

『나, 참나, 주인공』

'나'라는 허망한 생각은 이 자리에서 무아(無我)라는 이야기를 꺼냄과 동시에 만들어진 지금 일으킨 관념일 뿐이야.

지금 보고 듣는 이 실상작용에서는 '나'라는 관념을 세울 데가 전혀 없지.

그렇다고 '나는 없다'는 생각도 어긋나버려.

없다는 상(相)을 또 세워서 거기에 빠지면 허무주의에 떨어지고 바로 타락하게 되거든.

금강경에,

'법에도 머물지 말라고 했는데 하물며 비법이랴!'

'참 나는 있다, 혹은 없다.'

하나의 법을 세우게 되면 바로 그것을 아상(我相), 법상(法相)이라 그래. 있다는 것도 상이고 없다는 것도 상이니 상(相)에 묶여서 끊임없이 유무(有無) 양 극단에 치우쳐 허우적거릴 수밖에 없다.

지금 보고 듣는 이 자리에는 본래 세울 수 있는 것이 없기 때문에 하나의 법을 세우면 상대적으로 법 아닌 것이 동시에 만들어지고, 또한 비법(非法)이라 하면 동시에 정법(正法)이 형성

된다.

어떤 관념도 세울 수 있는 자리가 아니야.

이것은 상대를 벗어나 있어.

그런데 경전에 무아라고 표현은 되어있지만 '없다'는 뜻의 무(無)는 어디에도 나오지 않아.

'아무것도 없다'는 이야기는 어느 한 군데에도 없어요.

단지 하나의 고정된 법을 세워놓고
거기에 묶이는 것을 경계한 것일 뿐.

무아(無我)라고 하는 것은 한자 문화의 영향으로 번역되면서 나온 거야.

노자의 무위에서 무(無)는 우주의 시작이고 근본을 설명하는 것이지. 이 또한 없다는 뜻의 무(無)인데 여기서는 상대적 개념으로 쓰인 거야.

그런데 경전의 전체적인 흐름을 살펴보면 없다는 뜻의 무(無)는 무아(無我)를 표현할 때만 나오지요.

보통 '나'라고 할 때 '나라는 생각'은 계속적으로 항상 존재해왔던 것이 아니라 지금 여기서 일으켜 만들어진 관념일 뿐. '나'라는 관념은 본래 존재하는 것이 아니라는 뜻에서 '무아의

무(無)'를 설하신 거예요.

금강경에서도 역시 '무(無)'는 아무것도 없다는 뜻으로 쓰여진 것이 아니란 말이지.

이 백운 노장이 보기에도 없다는 뜻의 '무(無)'의 관념이 가장 위험한 거야.

유(有), 그 무엇이 있다는 견해를 세우면 반드시 거기에 묶이게 됩니다. 묶이는 것을 염려하여 어떠한 한 법도 세우지 않으면 두루 원만하여 모든 것이 척척 맞아떨어지니 한 법도 세우지 말라는 뜻으로 무아의 무(無)를 사용한 거거든.

어떤 견해든 하나를 세우면 거기에 걸려서 바로 보지 못해.

있다는 견해, 없다는 견해 모두 자기가 세운 자기 고정관념이므로 스스로의 견해에 걸려 자유롭지 못하게 된다는 의미에요.

이처럼 무아(無我)의 의미를 완전히 잘못 알고 있어.

무아(無我)는 물리적 현상, 정신적 내면세계 전체가 아예 없다는 이런 뜻이 아니다.

무아(無我).
하나의 견해를 세움으로써
그 관념에 묶이는 것을 타파하는 과정에서 나온 것.

공(空)!

여기서 공(空)은 아무것도 없이 텅 비었다는 뜻은 아닙니다.

(물독을 툭툭 두드리며)

이 독을 잘 살펴보면 물독을 구성하는 요소들이 있지?

흙, 공기, 물, 열 등의 여러 요소들이 결합해서 만들어진 것인데 이 형상의 물독은 우리가 만든 개념의 부호로써 물독일 뿐이야.

이 물독은 본래부터 있었던 것이 아니고 여러 요소들의 인연으로 조합된 것을 우리가 물독이라는 명칭을 붙여서 관념화시킴으로써 물독이 존재하게 되는 것이지.

이런 측면에서 물독이라는 것은 공(空)하다는 것이지 아무것도 없이 텅 비었다는 의미의 공(空)을 말한 것이 아니에요.

우리 내면에서 어떤 그 무엇이 실제 존재하는 것으로 인식되는 원인은 조건과 조건의 결합으로 형성되어 파생된 이미지일 뿐인데 마치 본래부터 존재해왔던 것처럼 착각을 일으키기 때문이야. 그 착각에 집착을 하게 되는 것이고.

앞서 말한 물독도 역시 본질적 의미에서는 본래부터 존재했던 것이 아닌 겁니다.

인위적이든 자연적이든 조건의 결합으로 물독이 만들어졌지만 그 바탕의 본질은 공(空)한 것이야.

물독은 본래부터 존재해왔던 것이 아니다.

물독은 본래부터 존재했던 것이 아니니, 해체되는 과정에 있겠지. 여기서 존재는 임시 가립(假立)된 것과 실존 두 가지 측면이 있어.

가립(假立)은 인연의 조합에 따라 임시로 나타나는 것을 뜻하지요.

본래부터 존재 했던 것을 실존이라 그래.

반면 형상으로 만들어진 모든 것은 본래부터 존재했던 것이 아닌 가립이겠지.

실존과 가립(假立).

가립된 것을 공(空)이라고 해.

가립된 것은 조건에 따라 형상이 만들어져 변해가고 소멸하면서 다시 생성되기를 반복하기에 그 실체는 진정으로 존재하는 것이 아닌 공(空)한 것이야. 물론 역시 공(空)은 아무것도 없이 텅 비었다는 의미가 당연히 아니겠지.

우리 주변의 컵이나 물독 또 가장 중요한 우리 몸뚱이를 한번 봐봐.

공(空)을 잘 이해하면 아주 없다는 생각에서 벗어나 본질을 바로 알 수 있어요. 아무 것도 없이 텅 비었다는 관념과 임시 가립(假立)된 것의 차이를 잘 구분하는 것이 필요하거든.

공(空)!

아무것도 없는 것이 아니라

생멸을 반복하면서 임시 가립(假立)된 것.

내면으로부터 인식되어온 모든 형상은 전부 공(空)일 뿐.

우리가 그동안 무지(無知)해서 물독처럼 형상 있는 모든 것들이 어떻게 존재하게 됐는지 그 과정을 몰라 실제 있는 것처럼 착각을 하고 그 착각에 집착을 하며 살아온 거야.

지금 눈앞에 보이는 독을 보면서 동시에 항상 존재했던 것처럼 생각되는 것이지. 의식 속에서 독이라는 명칭을 만들어 이미 고정시켜버린 거예요.

보통 일반적으로 사람들은 한 생각을 딱 고정시켜놓고 확정해서 이야기를 하거든. 그렇기 때문에 아무리 설명을 해도 이해가 안 될 수밖에 없지. 그래서 할 수없이 물독 같은 형상 있는 모든 것들이 어떻게 만들어졌는지를 조건의 인연으로 설명할 수밖에 없는 거야.

미리 물독이라는 관념을 고정시켜놓고 접근하는 사람들은 절대 이해할 수 없지. 하나하나 해체시킨 후 설명을 해야 공(空)의 의미를 제대로 파악할 수 있는 거야.

우리가 탁마를 하다 보면 이미 어떤 대상을 고정시켜 놓은 사람은 자기가 만든 고정된 관념에 묶여서 아무리 설명을 해도 절대 이해를 못하잖아.

공(空),
본래부터 존재했던 것이 아닌 임시 가립된 것.
무아(無我),
어느 하나의 견해를 세움으로써 견해에 집착이 붙고,
그것을 나의 것이라 여기면서,
그 견해에 딱 묶이는 것을 타파하는 것.

잘 봐봐.

아무리 완전한 진리라도 그 견해를 세우면 견해에 집착이 붙어서 바로 나의 것이라는 고집에 딱 묶여 버리는데, 그것은 이미 진리가 아닌 독선이고 아집밖에 안 돼.

이처럼 형상 있는 모든 것은 생기고 변해가며 소멸하는 과정에서 벗어날 수 있는 것이 하나도 없다. 형상 있는 모든 것은 각자의 색깔을 갖고 있으며 이것은 모두 조건에 따라 만들어진 임시 가립된 것이야. 임시로 조합된 것들이 실제인양 존재한다고 생각되어지는 착각의 어리석음이지. 내면의 인식이 고정되면서 꽉 붙잡고서 존재한다고 마음속에 강하게 새겨지거든.

물독, 나무, 해, 달, 몸뚱이 그리고 내면 의식세계 모두 마찬가지이지. 모양으로 존재하는 것은 모두 가립된 것.

가립과 실존을 잘 생각해봐야 해.

공(空)의 의미가 단순히 아무것도 없다는 것이 아니거든?

내면 의식세계가 아주 중요해요.

안 · 이 · 비 · 설 · 신 오감을 통해 보고 들었던 것들이 모두 관념화돼서 스스로 존재하는 것처럼 착각을 일으켜서 기정사실화 시켜놓고 거기에 집착이 되는 거야.

우리 의식이 왜 그렇게 전도(顚倒)되었는지를 설명하는 과정에서 오온(五蘊)이 나왔겠지.

오온, 색 · 수 · 상 · 행 · 식(色受想行識)을 통해 의식세계를 해체시켜놓고 결국 공(空)하다는 의미를 설명한 것이야.

임시 가립된 것을 이미 존재하는 것으로 딱 고정시켜 놓고 사실화된 사람한테 아무리 설명을 해본들 그것이 납득이 되겠는가?

아무리 설명해도 안 들어가지요.

사람의 말을 못 알아들으면 뭐야?

바로 축생(畜生)이라고 하지. 축생!

오온(五蘊)!

오온이 성립되는 과정을 설명하기 위해 다섯 가지로 구분해 놓긴 했지만 사실은 시간 차이를 둘 수 있는 것이 아니야. 대상에 부딪침과 동시에 오온이 형성되면서 공간적 개념으로 존재하는 것처럼 보일 뿐이지.

그런데 왜 우리는 이 존재를 확정된 자아라고 인식할까?

이처럼 내면의 의식이 확정되는 구조를 설명하기 위해 오온의 설명이 꼭 필요하게 된 거라네.

많은 경전을 보면 없다는 표현을 쓰지 않고 공(空)하다고 하는데, 중국식으로 번역이 되면서 그렇게 된 거야.

금강경을 잘 보면,

모든 관념은 일어남과 동시에 '나'라고 착각이 되고, 허상인 나에 집착하게 된다는 것을 설명하고 있지요.

'관념이 생겨남과 동시에 '나'라고 착각한다.'

구경(究竟)에 가서는 결국 무아(無我)이지.

'나'라고 생겨난 관념은 결국 어느 하나에 집착되면서 만들어진 가립된 허상일 뿐.

구경(究竟)은 무아(無我).

즉 지금 생겨난 '나'라는 생각은 실제 존재하는 것이 아니라는 거야.

자, 잘들 봐요.

이런 이치를 모르고 단편적으로 '나'는 실제로 존재하지 않는 원래 없는 것이라고 단정을 해버리면 어떻게 되겠어?

곧장 단멸상에 떨어져.

단멸상(斷滅相)!

하지만 단멸상에서도 역시 벗어나야 한다고 부처님께서는 친절하게 다 일러주셨잖아.

이처럼 무아(無我)를 잘못 이해하면
유물론(唯物論)이나
아무것도 없다는 단멸상에 빠지기 아주 쉽다.

부처님께서는 일체 모든 것을 다 부정하며 아무것도 없다고 한 적이 없어요. 정말 아무것도 없다면 더 이상 무슨 이야기를 할 필요가 있겠나?

본래 아무것도 없는 허망함뿐인 것을.

지금 보고 듣고 말하는 가운데 잘못된 관념으로 인하여 실제 존재하지 않는 허상을 실존한다고 착각을 일으킨 그 견해를 타파하기 위해서 무아라는 개념이 만들어진 겁니다.

유무(有無) 상대적 관념에서 벗어나야 해요.

상대적 관념에서 벗어나야 중도(中道)를 알 수 있고, 중도를 체득해야 치우침 없는 원만한 깨달음을 성취할 수 있지.

중도와 무아를 잘못 이해하면 유물론이나 단멸상, 허무주의에 빠져 불분명한 논리로 허우적거리다 죽게 된다.

무아(無我)에서 무(無)를 아무것도 없다는 견해로 잘못 이해하면 아주 흉악한 단멸상에 빠지게 된다고!

아무것도 없다.

부처님께서는 아무것도 없다는 단멸상을 가장 경계하셨어.

나를 내세우며 아상(我相)에 빠지는 것보다 아무것도 없다는 단멸상에 빠지는 폐단이 훨씬 크고 힘든 거지.

참나, 주인공, 체(體), 바탕자리를 부정하면서 그 반대급부로 무아(無我)에 빠지는 견해는 오히려 물질인 몸을 중심으로 한 뇌의 신경활동이 전부인 것처럼 물질에 한정되는 유물론에 빠지기 아주 쉬워요. 무아를 잘못 이해하면 오히려 몸에 한정된 유물론에 쉽게 빠지게 된다.

부처님께서도 이런 부분의 문제 때문에 자세히 짚어주신 부분이 있어요.

"몸이 참다운 나라고 할 수 있는가?

만약 몸이 참다운 나라면 몸의 모든 것들이 나의 뜻대로 이루어져야 하는데 몸은 나의 뜻대로 되지 않는다.

그렇기에 몸은 참다운 나라고 할 수 없다."

『밀린다왕문경』이라고 들어보셨나?

『나선비구경』으로 번역되었지.

밀린다왕과 나가세나 비구의 대담 중에,

〈나가세나 비구〉

대왕은 수레를 타고 왔는데 대왕은 무엇이 수레라고 생각되십니까?

수레의 굴대입니까?

수레바퀴입니까?

차틀입니까?

바퀴살입니까?

〈밀린다왕〉

수레의 어느 하나를 떼어내어 수레라고 할 수 없습니다.

그것들은 그저 전체 수레의 일부분일 뿐입니다.

〈나가세나 비구〉

그렇다면 저것들을 합한 전체가 수레입니까?

〈밀린다왕〉

아닙니다.

〈나가세나 비구〉

그렇다면 수레라는 것은 존재하지 않은 것이겠군요.

전체도 수레가 아니고 수레를 이루고 있는 각각의 것도 아니라고 했으니, 수레는 그저 말에 지나지 않겠네요.

〈밀린다왕〉

네 수레라고 이름을 붙였을 뿐입니다.

〈나가세나 비구〉

그렇다면 대체 수레의 본질은 무엇입니까?

〈밀린다왕〉

굴대, 바퀴, 바퀴살 등 구성요소들이 서로 인연 되어 만들어진 것을 수레라는 이름으로 불리는 것뿐입니다.

〈나가세나 비구〉

대왕이시여!

우리 사람도 역시 몸을 이루는 요소들과 정신작용이 서로 인연 되어 결합되어 있는 것을 '나'라고 부를 뿐입니다.

어떤가?

『밀린다왕문경』 두 현자들의 대화를 잘 생각해 봐요.

우리는 지금 일으킨 '나'라는 관념을 확정된 실제 존재로 고정시키면서 그 관념에 속고 있는 거야.

모든 경전의 공(空)의 의미는 사실 이와 같은 거거든.

무아(無我)의 무(無)와 공(空)은 아무것도 없이 텅 비었다는 것이 아니라 어느 견해에 치우친 헛된 아상(我相)을 타파하는 과정 중에 나온 개념인 것이지요.

한자 문화권의 무(無)와 공(空)을 문자 뜻 그대로 해석해 관념화시키면 큰 오류가 생겨서 유물론, 단멸상, 허무주의와 같은 단편적인 견해에 치우치게 되기 쉽지.

지금 보고 듣는 이 자리를 떠나 참나, 주인공이 있다는 상(相)도 세우지 말고, 이것 말고는 아무것도 없다는 단멸상도 아주 위험하니, 어느 한쪽 견해에도 치우치면 안된다.

제5부

탁마 토론으로 지혜를 바로 쓰는 연습을 통해 익어가다

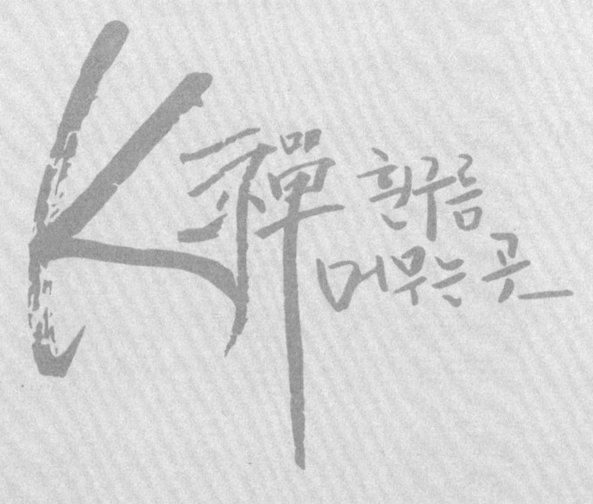

탁마 토론 시작 전,
〈가는 세월♬〉 음악을 함께 듣는다.

《보심스님》 여유로운 토요일에 법당에서 음악을 들으니 참 좋습니다.

《대중》 네. 그렇습니다.

《보심스님》 노래 가사 중,

"달이 가고 해가 가고 산천초목 다 바뀌어도 이 내 몸이 흙이 되도 내 마음은 영원 하리."

이런 가사가 나옵니다.
많은 대중가요들의 가사를 보면 사랑도 영원했으면 좋겠고, 마음도 영원했으면 좋겠다는 희망을 노래하지요.
결국은 소멸하는 것에 대한 두려움 때문이지 않겠습니까?

그런데 깨친 사람이든 깨치지 못한 사람이든 해, 달, 산천초목이 변할 수밖에 없다는 것은 다 압니다.

누구든 영원한 것은 없다는 것을 모르지는 않습니다. 다만 받아들이지 못하기 때문에 집착이 생기는 것이지요.

보심스님.

끝없이 영원한 것을 찾고 싶고 영속했으면 하는 본능적인 바람이 있기 때문입니다.

이런 희망으로 종교가 생겨났습니다.

특히 신(神)을 믿는 종교는 신을 의지해서 '현재의 나'가 좀 더 낳은 모습으로 영원하기를 바라는 것 아니겠습니까?

현재의 나는 사라지고 그 어떤 다른 존재가 영원하기를 바라는 것이 아니라 현재의 내가 영원하고 싶다는 겁니다.

'현재의 나'.

결국 현재의 나를 위해 신(神)을 믿고 여러 가지 종교 활동을 합니다. 그런데 종교에 깊이 들어가다 보면 무게중심이 '현재의 내가 아닌 신(神) 중심'으로 치우치게 됩니다.

우리 불교는 개별적인 '나'로부터 시작되는 유일한 종교입니다. 궁극은 '무아(無我)'를 깨닫는 것이지만 출발은 현재의 '나'로부터 시작되는 것이지요.

우리 부처님 법은 가장 개별적이지만 나를 내세우지 않기 때문에 또 전체적이기도 합니다. 나와 우리, 개별과 전체가 분리되지 않습니다.

그러면 이제 우리가 오늘 이야기해야 할 것이 나왔습니다.

‘현재의 나’.
‘나’는 과연 무엇이냐?

오늘 노래 가사에서는 ‘마음’이라고 했으니 과연 마음의 실체는 무엇이냐?

여기 오신 분들은 이미 눈을 뜬 분들이 많기 때문에 각자의 견해대로 마음이 무엇인지 이미 정리가 되어 있을 겁니다.

“이 소식은 말로 표현할 수 없는 것이니, 말로 할 수 없습니다.”

라고 하면 안 됩니다.

탁마에 참석했으면 말로도 충분히 설명하고 개념도 다시 정의하면서 스스로는 어떤 부분이 잘못되었는지를 확인해야 합니다.

그렇게 잘못되고 전도(顚倒)된 관념들이 제자리 잡아가는 것이 눈을 뜬 후의 ‘보림’이고 탁마의 목적입니다.

우리는 부처님처럼 완벽하지 못하기 때문이지요.

물론 불성(佛性)의 바탕자리는 부처와 중생 차별이 없지만, 구체적 경험에 있어서는 생명 있는 것들은 모두 다를 수밖에 없습니다.

그러면 '마음'에 바로 들어가기 전에 평소에 많이 들어보셨던 사성제에 대해 일단 이야기해 보고 넘어가도록 하겠습니다.

선(禪)으로도 좋고 교학(敎學)으로도 좋고 평소에 가졌던 생각으로도 다 좋습니다.

《대중1》 '고(苦) 집(集) 멸(滅) 도(道)'.

태어난 순간부터 고통이 시작되는데 고통의 원인을 모은 것이 집이며, 고통을 멸하기 위해 바른 도를 닦아야 한다는 것이 사성제인 것 같습니다.

《보심스님》 그렇다면 사성제는 부처님께서 왜 설하셨을까요?

《대중1》 마음을 알기 위해서는 사성제부터 알아야하기 때문 아닐까요?

《보심스님》 초기경전에 부처님께서는 찾아오는 다양한 사람들과 많은 대화를 하시지만, 대화의 마지막에는 항상 사성제를 설하시면서 깨치게 해주셨습니다.

발심이 안 된 사람은 '발심'을 시키고, 이미 발심이 된 사람들은 바로 '견성'을 할 수 있게 하며, 이미 견성을 한 분들은 '팔정도(八正道)'를 통해 어떻게 생활 속에서 익어가야 하는지를 세밀하게 다 말씀해주신 거지요.

이처럼 사성제는 우리 불교의 가장 기본이면서 핵심입니다.

기본이라고 해서 기초라고 여기고 쉽게 넘어가서는 안 됩니다. 기본이기 때문에 가장 중요한 겁니다.

사성제만 정확하게 알고 사유해 봐도 발심이 될 수 있고 견성을 할 수 있습니다.

《보심스님》 다음으로 '삼법인(三法印)'.

누가 한번 말씀해 보시겠습니까?

《대중2》 제행무상, 제법무아, 열반적정입니다.

《보심스님》 제행무상, 고, 제법무아 여기에 하나 더 붙이면 열반적정까지 포함합니다.

모든 것은 항상할 수 없어 결국은 소멸하니 고통이고, 일체

만물은 스스로 존재할 수 있는 자아가 없어서 결국은 소멸하니 다시 무상(無常)이고, 무상(無常)이기 때문에 다시 무아(無我)입니다.

결국은 무상(無常), 고(苦), 무아(無我)가 분리될 수 없고 서로가 서로의 원인이 되는 것이지요.

이 가운데서 무상과 무아에 포함되지 않으면서 그것을 벗어날 수 있는 것을 찾으면 고통에서 해탈할 수 있는 것이죠.

바로 '열반적정'입니다.

그렇다고 열반적정의 세계가 따로 있는 것은 아닙니다. 무상과 무아에 해당되지 않으면 바로 그것이 열반적정이지요.

'사성제, 삼법인, 중도, 연기'.

이런 궁극적인 가르침이 바로 '마음'을 찾는 것이라고 할 수 있겠습니다.

'무엇이 마음인가?'

'마음을 바로 알아 얻고자 하는 것이 무엇인가?'

마음이라고 하면 참 막연하긴 하지만 각자 견해를 내보이면서 서로 공부가 되지 않을까 싶습니다.

《대중3》 저는 마음이 무엇이라고 콕 집어서 말할 수는 없지만 제 '생각'이 마음인 것 같습니다. 때에 따라서는 '느낌'이 마음인 것도 같으며 문득 떠오르는 '이미지'가 마음 같기도 하지만 '모든 것'이 뭉뚱그려져서 구별할 수 없는 그 무엇이 아닌가 싶습니다.

《보심스님》 눈으로 볼 수는 없고 형상으로 드러나지 않아서 없는 것 같지만, 그렇다고 보이지 않는다고 해서 전혀 없다고도 할 수 없는 그 무엇인가요?

《대중3》 그렇지요. 그런데 콕 집어서 이것이 마음이라고 나타낼 수는 없지만, 느낌이 있으면 또 느낌이 마음일 때도 있고 생각이 마음일 수도 있고 하여튼 있긴 있습니다.

생각과 느낌이 항상 마음이라고 단정할 수는 없지만 또 때에 따라서는 다르게 나타나기도 하는 것 같습니다.

《보심스님》 그러면 마음이 무엇입니까?

《대중3》 모르겠습니다. (웃음) 하하하

《보심스님》 그러면 칠판에 다 써보도록 하겠습니다.

다른 이야기를 하다 보면 잊혀지고 희미해져서 스스로 무슨 말을 했는지도 잘 모르게 되는 경우가 많습니다.

《대중4》 마음은 모양도 맛도 색깔도 없는 것이지만, 인연만 되면 작용할 뿐!

《보심스님》 작용할 뿐인 것이 마음이다?

《대중5》 지금 여기서 다 같이 듣고 생각하고 이 시간 함께 하고 있습니다.

《보심스님》 마음은 이 시간과 공간에 한정되는 것입니까?

《대중5》 아닙니다. 언제 어디서든 함께 하는 것이 마음입니다.

《보심스님》 언제 어디서든 시공을 초월해서 다 함께 할 수 있는 것이다?

《대중6》 마음이라는 것은 형상과 모양으로 볼 수는 없지만,

없지는 않고 있습니다.

《보심스님》 있다고 하면 생각을 포함해서 그 어떤 것인지는 구체적으로 단정할 수 없더라도 대상으로 설명될 수 있어야 하는 것 아닙니까?

《대중6》 아니 꼭 모양으로 찾을 수 있는 것은 아니지만, 말로 표현하자면 그럴 수 밖에 없는 것 같기도 하고. 아이고~ 어렵네. (웃음) 하하하.

《보심스님》 이렇게 말로 표현해 보지 않으면 스스로 정확하지 않지요.

《대중7》 알 수 없는 것이 마음입니다.

《보심스님》 알 수 없다는 것은 두 가지입니다.
하나는 정말 몰라서 모르는 것.
다른 하나는 깨치고 나서 보니 "내가 알았다고 했던 것들이 한낱 관념 덩어리에 불과 했구나" 해서 알지 못하는 것.
그것은 결국 다 알고 나면 모르지만, 전혀 모르면 정말 모르는 것입니다.

대중7은 모른다는 것이네요?

《대중들》 스님. 너무 무서워요. (웃음) 하하하.

《대중8》 (컵을 들어 보이면서) 저도 몰라요. 전혀 모릅니다.

《보심스님》 아! 보살님은 컵을 들어 보이면서 모른다고 하시는군요.

《대중9》 마음이라는 것은 따로 없는데, 스님께서 묻는 순간에 작용할 뿐입니다.

《보심스님》 없는데 작용할 뿐이다? 그러면 없는 건가요?

《대중9》 네. 스님께서 묻는 순간에 있어졌습니다.

《대중들》 (웃음) 하하하.

《대중10》 마음은 없는 것이지만 바로 '마'와 '음'을 합한 문자일 뿐입니다.

《대중11》 작용을 따라 드러나지만, 또 드러나지 않는다고 해서 없는 것은 아닙니다. 작용을 하지 않으면 없는 것이지만요.

《대중12》 '이것이 마음이다'라고 알고 있는 그것!

《보심스님》 마음이 어떤 모양은 아니지만 '마음이 무엇인지를 아는 것'이라는 말이지요?

《대중13》 없습니다. 없지만 순간 작용할 때 작용을 따라 나타나지요. 마음은 없는데 작용은 있습니다.

《보심스님》 각자의 견해를 오늘은 언어로써 표현해 봤습니다. 혼자 생각으로만 갖고 있는 것을 여러 공부하는 분들 앞에서 같이 내놓음으로써 비교도 해보고 막혀 있는 부분이 스스로 타파되기도 합니다.

일부러 마음은 '있다? 없다?' 유도해서 유무(有無)에 떨어지도록 해봤습니다. 실제 명확히 정리가 안 된 분들은 또 스스로 관념에 빠지기도 했지요?

대체로 마음은 모양과 형상으로 볼 수는 없지만, 작용을 따라서 드러난다고 말씀하시는 분들이 많았습니다.

하지만 정말로 '있다? 없다?'에 자유로울 수 있겠습니까?

"있는 것은 아니지만 없는 것도 아니고, 없는 것은 아니지만 있는 것도 아님"에 정말 묶이지 않고 자유로울 수 있느냐는 것입니다.

조금 전에 어떤 분이 "마음은 없지만 작용 따라 드러난다."고 했습니다. 그러면 그 작용이 드러나지 않으면 마음은 없는 것입니까?

《대중1》 그러면 작용을 안 하고 가만히 누워있어도, 누워있는 것을 아는 놈이 있는데 그것은 무엇입니까? 과연 마음이 없다고 할 수 있는 겁니까?

《보심스님》 아는 놈이 있다?

《대중1》 자다가 일어나면 자는 동안에는 특별한 작용을 하지 않았던 것 같았는데도, 일어난 후에 '잘 잤다, 잘못 잤다'

아는 놈이 있지 않습니까?

《보심스님》 조금 전에 '마음은 어떤 것이라고 아는 놈이 바로 마음이다'라고 했던 분이 있었는데 그것과 같은 대답인 것이죠.

'작용과 상관없이 일어나는 모든 것을 아는 마음이 있다?'

《대중2》 저도 그렇게 생각합니다. 만약 마음이 없다면 어떤 놈이 어디서 나와서 보고 듣고 할 수 있겠습니까?

바로 '아는 그놈'이 마음이라고 생각합니다.

물론 마음이 있다고 해도 틀리고 없다고 해도 틀리지만요.

'마음은 없는데 작용 따라 일어난다.' 그러면 도대체 마음이 어디 있다가 나타나서 작용을 할 수 있다는 것일까요?

항상 여여(如如)하게 있는 것이 마음 아니겠습니까?

《보심스님》 조금 의견들이 엇갈리면서 분명하게 나눠지네요?

A조: '작용이 없으면 마음은 없다'

B조: '작용이 없어도 마음은 있다'

'마음은 실체가 없는데 작용 따라 일어난다.'

'작용과 상관없이 마음은 항상 여여(如如)하게 존재 한다.'

이렇게 보기 쉽게 정리해 놓고 여러분들의 생각을 다시 묻겠습니다.

《대중들》 투표로 결정하는 겁니까? (웃음) 하하하.

《대중3》 마음은 내가 어떤 작용을 하는 것을 의식하지 않더라도 항상 있는 것이 아니겠습니까?

《보심스님》 마음은 마음을 구체적으로 인식하지 않아도 항상 존재한다?

《대중3》 네. 그런 것 같습니다. 작용으로 드러나지 않더라도 어디로 간 것이 아니라고 했으니까요.

'오고 가는 바가 없다고 했지 않습니까?'

《보심스님》 '오고 가는 바 없이 작용할 뿐'이라고 한 것을 두고 '항상 존재하는 것'으로 여기는 견해입니다.

작용은 오고 가는 바가 없이 지금 이 순간에 일어나는 것이지요? 지금 이 순간 작용할 뿐입니다.

그러면 '항상 존재하는 것'이라는 그 생각 역시 지금 이 순간에 일어난 생각일 뿐이라는 것은 인정하십니까?

《대중3》 네.

《보심스님》 지금 이 순간에 일어난 생각을 마치 과거부터 지금 말하는 이 순간까지 쭉 그렇게 생각해온 것처럼 착각 한 것 같지는 않습니까?

다시 말하면 '작용 뿐'이라는 것은 지금 순간 작용했을 뿐인데, 과거부터 지금까지 '작용을 하는 놈이 항상 존재해 왔다'라고 착각한 것이 아니냐는 말입니다.

오고 가는 바가 없다는 것은 항상 존재한다는 뜻이 아니라, 이 순간 작용하고 나면 사라지고 마는 '순수한 작용일 뿐'이라고 생각되지는 않으신가요? 작용하고 사라지지만 실제 작용은 끊임없이 또 계속 이어지거든요.

자, 조금 더 이야기 해보면서 정리해 나가도록 하시지요.

《대중4》 '마음이 있다'일 때는 있다는 말을 듣는 순간 '무엇인가 있는 것처럼 느껴져서 바로 그 순간에 있어지는 것 같습니다. 다시 말하면 '있다'라는 생각을 떠올릴 때 있어집니다. 네. 떠올릴 때는 있는 것 같습니다.

《보심스님》 그럼 마음은 있다는 것이네요!

《대중4》 어라? 그럼 있는 것이네요. 이런… (웃음) 하하하.

마음이 별도로 존재하는 것은 아니지만 '있다 없다'라는 말을 듣고 생각을 떠올릴 때 그렇게 되는 것 같아요.

《보심스님》 '마음이 있을까? 없을까?'

여러분들도 처음에는 '있다 없다'는 유무(有無)에 묶이지 않으려 했지만 같이 대화에 빠져들다 보면 결국 또 '있다 없다'의 유무(有無)에 빠질 수밖에 없었습니다.

'마음의 유무(有無)'.

'마음이라는 실체의 존재 여부'.

어느 것이 옳고 그른지는 지금 말하지 않겠습니다.

사실은 여기 보심스님이 여러분들께 마음이 무엇이냐고 묻는 순간, 이미 각자의 생각으로 마음을 정의해 놓고 상(相)을 그려 놓은 것입니다.

'상으로 그려진 마음은 현재 여러분들 각자의 마음입니다.'

'그것은 지금 각자의 우주입니다.'

'마음이라는 말을 듣는 순간, 동시에 각자가 생각하는 마음과 각자의 우주가 만들어진 것입니다.'

각자의 마음과 우주를 밖에서 '옳다 그르다' 시비(是非)하고 분별하면 어떻습니까?

마음이 뭐냐고 물었을 때 이미 각자의 우주가 펼쳐졌고 견해가 세워졌습니다. 견해가 서면 반드시 집착이 붙게 되어있습니다. 견해가 생기고, 이미 세워진 견해에 집착이 붙었는데 '옳다 그르다' 시비하고 분별하면 그것은 또 하나의 상응하는 자기 견해를 세우는 것에 불과합니다. 그렇게 되면 견해와 견해가 대립되고 충돌하고 깨지게 됩니다.

이것이 우주의 생성과 소멸 과정입니다.

'어떤 하나의 조건을 접하면 생각이 일어난다.'

'일어난 생각을 따라 견해가 성립된다.'

'견해가 서면 집착이 붙는다.'

'집착이 고정된 의식으로 확정되면서 각자의 우주를 생성한다.'

'각자의 우주를 침범하면 충돌한다.'

'우주가 충돌하면 파괴된다.'

지금 제가 드리고 싶은 말씀이 이것입니다.

조금 전 여러분들께서 생각하고 말했던 각자의 마음들에 대해서 옳고 그름을 심판하는 것은 좋은 방법이 아닙니다.

왜냐하면 그것은 결국 '마음이 무엇인가'라는 질문을 접하면서 발생한 각자의 우주일 뿐이라는 것이죠.

그 각자의 우주는 본래 있었던 것이 아니라 조건을 따라 생각이 일어나서 견해가 서고 그 견해에 집착이 붙어서 만들어진 순간의 작용일 뿐. 그 작용은 본래 있었던 것이 아닌 한 생각을 따라 만들어진 허상(虛相)이라는 겁니다.

그러니 각자 스스로는 그 허상에 집착해서 머무르지 말고, 또 상대방의 우주를 침범하지도 말라는 겁니다.

'다름을 인정해야 합니다.'

각자의 우주가 결국은 한 생각으로 만들어진 허상이었을 뿐이라는 것을 스스로 알 수 있게 끊임없이 도움을 주는 것이 결국은 부처님의 진정한 가르침이고 자비입니다.

상대의 견해나 잘못을 지적하는 것은 가장 쉬운 수단입니다.

그것은 충돌과 싸움밖에 되지 않습니다. 먼저 각자의 우주를 인정해주고 그런 후 관심과 애정으로 때를 지켜보면서 그 우주가 본래 있었던 것이 아닌 조건을 통해서 스스로 만든 허상이라는 것을 인내심 있게 알려주는 것이 할 수 있는 가장 큰 자비입니다.

이것이 바른 인욕과 동사섭(同事攝)입니다.

이것이 바로 부처님의 가르침이고 모든 성현들께서 말씀하신 것입니다.

'한 법에도 머물지 말라.'

결국 하나의 고정관념을 절대 선(善)인 것처럼 주장하지 말라는 겁니다.

옳고 그름, 선악(善惡), 시비(是非)는 조건을 따라 만들어진 스스로의 견해에 집착이 붙음으로써 만들어진 가짜의 우주를 실제로 인정하는 꼴입니다. 어리석은 것이죠.

석가모니 부처님께서 만약 '이러하고 이러한 것이 마음'이라고 고정적으로 정의하셨다면 어떻겠습니까?

이미 부처가 아닙니다.

부처님께서는 끊임없이 각자의 견해는 허상이니 그 허상에 머물지 말라고 말씀하셨을 뿐입니다.

하지만 이것은 이론과 지식으로 안다고 해결되는 것이 아닙니다. 세상에는 수많은 좋은 책과 성현(聖賢)들의 가르침이 있지만, 그것을 읽고 머리에 새기는 것과는 별도로 현실에서 어떻게 적용시켜 나가느냐는 바로 깨달아야 알 수 있습니다.

무엇을 깨닫느냐?

바로 스스로 일으킨 지금의 고정관념이 실제가 아닌 허상이니, 그 허상에 머물지 말라는 것입니다.

'인식의 대전환'.

'아! 이것이구나.'

정말로 가슴으로 받아들여서 쿵 울리는 순간 확연히 알게 됩니다.

그런 후 일상생활 속에서 끊임없이 생기는 번뇌, 망상, 갈등이 결국은 지금 보고 듣는 작용 후 상상으로 붙은 그림에 속아 뒤집어진 허깨비라는 것을 알아 속지 않는 연습을 하는 것입니다.

모든 상(相)은 지금 보고 듣는 1차 작용 뒤에 붙는 생각을 따라 일어나고, 그 생각을 따라 견해가 서며, 그 견해에 집착이 붙음으로써 만들어진 나의 고집, 고정관념, 아상(我相), 절대선(善), 욕심이었다는 것을 알아서 거기에 머무르지 않는 연습을 해 나가는 겁니다.

바로 견성(見性) 후 부처를 이루어 나가는 보림의 과정이지요.

시비(是非), 선악(善惡)은 결국 상대에게 있는 것이 아니라 내가 만들고 나한테서 벌어지는 나의 고정관념이라는 것을 체득해야 해요.

각자의 우주라고요.

각자의 우주에 침범하지 마세요.

침범하면 충돌하게 됩니다.

여기까지는 원론적인 이야기였습니다.

여기까지 아무리 이해하고 체득했다고 하더라도 어디에서 다시 넘어지고 고꾸라져서 범부의 중생모습이 되는지 직접 확인해봐야 합니다.

오늘 이 자리는 탁마시간입니다. 탁마는 실제 연습을 통해서 스스로 걸려있는 고정관념에서 벗어나는 겁니다.

아무리 부처님 법을 달달 외우고 이치적으로 안다고 해도 어떻습니까?

일상생활 속에서 말 한마디에 화가 불끈 솟고, 작은 다툼하나에 온갖 지옥을 만들어 버리면 필요 없는 헛된 공부입니다.

일상 속에서 고통으로부터 벗어나는 연습.
스스로 만든 고정관념으로부터 벗어나는 연습.
관념의 노예로부터 해방.
바로 해탈입니다.

자, 오늘은 삼법인(三法印)으로 연습하겠습니다.
선(禪)으로 바로 보는 삼법인(三法印)입니다.
선(禪)이 뭡니까? 깨달음으로 바로 들어가는 방법입니다.
저는 삼법인을 통해서 바로 체득하여 깨달음으로 가겠다는 겁니다.

자, 보십시오.
제행무상(諸行無常)!
이론적으로는 다 아시죠?
모든 것은 항상 할 수 없고 소멸한다는 겁니다.
정말 바로 알고 있는지 확인해보겠습니다.

《보심스님》(죽비를 들어 보이며)
이 죽비는 이름이 죽비입니다.
이것을 부처라고 해도 되고, 스님이라 해도 되고, 사랑이라고 해도 되지요?

《대중》 네. 그렇습니다.

《보심스님》 죽비가 보이십니까?

《대중》 네 보입니다.

《보심스님》 죽비를 세우니 보셨습니다.
(죽비를 밑으로 감춰 보이지 않게 하면서)
지금은 보이십니까? 보이지 않습니까?

《대중》 보이지 않습니다.

《보심스님》 자, 다시 죽비를 세웠습니다. 지금 죽비가 보이는 것은 부정할 수 없죠?

《대중》 네. 보입니다.

《보심스님》 (죽비를 다시 감추며)

지금은 보이십니까?

《대중》 죽비가 안 보입니다.

《보심스님》 왜 안 보이십니까?

《대중》 죽비가 작용으로 나타날 때는 보이고, 나타나지 않을 때는 안 보이기 때문이죠.

《보심스님》 그러면 죽비가 지금 안 보이는 것을 어떻게 아셨습니까?

《대중》 네? 지금 안 보이니까 볼 수가 없는 것이죠.

《보심스님》 (다시 죽비를 세웠다가 감추며)
지금은 어떠십니까?

《대중》 안보입니다. 스님.

《보심스님》 죽비가 안 보이는 것을 어떻게 아셨습니까?

《대중》 죽비가 내려갔으니 안 보이는 것을 압니다.

《보심스님》 그러면 조금 전에 죽비가 세워져 있었다는 것을 아시는 거네요? 그러면 조금 전에 죽비가 세워져 있었다는 것은 무엇을 의지해서 아신 겁니까?

《대중》 아, 그것은 생각을 통해서 안 거죠.

《보심스님》 네. 그렇지요. 생각을 의지해서 안 겁니다.

이제 천천히 할 테니까 생각해보면서 대답을 해보십시오.

《보심스님》 (죽비를 세웠다 감추며) 지금은 어떠십니까?

《대중》 역시 안 보입니다.

《보심스님》 안 보이는 것은 역시 생각을 의지해서 아신 거지요? 조금 전에 죽비가 있었다는 그 생각을 의지한 건데, 너무 짧은 시간의 기억이니까 분명하고 확실하게 생각되지요? 부정할 수가 없지요?

그러면, 어제 이 시간에 뭐했는지?

혹은 일주일 전 이 시간에는 뭐 했는지 아십니까?

《대중》 생각해봐야 알겠는데, 잘 생각이 안 납니다. 모르겠습니다.

《보심스님》 그럼 결국 기억을 의지한 거지요?

방금처럼 기억이 분명한 일은 바로 의지해서 사실화 시켜버리는데, 기억이 안 나거나 흐릿한 일은 모른다고 합니다.

어쨌든 둘 다 기억을 의지해서 결정하신 건데, 기억이라는 것이 뭡니까?

《대중》 지나간 것을 더듬어서 생각하는 것 같습니다.

《보심스님》 그럼 그 기억들이 대부분 정확하든가요?

아니면 기억을 내 기준에 맞춰서 재해석해 저장하는 것이 많든가요?

《대중》 아무래도 내가 기억하는 것이니까 내 식으로 맞춰서 기억하고 있는 것이 대부분인 것 같습니다.

《보심스님》 그러면 기억은 5초전이나 1시간 전이나 열흘 전 모두 시간개념으로 보면 지나고 없는 것이지요?

지나간 것은 대부분 내가 기억하고 싶은 데로 저장하고 나를 위주로 합리화시키면서 저장됩니다.

어쨌든 시간개념으로 보면 기억은 모두 과거의 지나간 관념이라는 것은 이해하시겠죠?

과거의 관념은 지금의 실제가 아니라 내가 만들어 놓은 그림. 허상이지요?

《대중》 네. 내가 그린 그림 허상입니다.

《보심스님》 그럼 아무리 짧은 시간의 과거도 허상입니다.

그러면 조금 전에도 죽비가 세워졌던 기억을 의지했으니 허상을 의지한 것이 맞습니까?

과거 찰나 찰나의 경험인 허상을 지금 일으킨 생각에 연결시킨 것이 맞습니까?

《대중》 맞는 것 같습니다.

《보심스님》 그럼 그것을 잘 염두해서 다시 연습해봅시다.

《대중》 스님, 아는데 머리 아프고 잘 안됩니다.

《보심스님》 아는 것과 실제생활이 접목이 안 되면 이득이 없습니다. 우리 불교는 아는 것을 실천하는 현실의 종교이고 가르침이지요.

《보심스님》 (죽비를 다시 세웠다가 감추며)
지금은 어떻습니까? 보이십니까?

《대중》 아 흑. (머뭇거리며) 안 보입니다. 생각으로 죽비라는 상(相)을 세워놨는데, 상(相)이 사라지니 안 보입니다.

《보심스님》 상(相)에 머물렀다, 상(相)에 걸렸다고 합니다.
하찮은 죽비에 걸려서 끊임없이 머물러 있는 겁니다.
죽비하나도 감당 못하는데 불쑥 일어나는 화는 어떻게 감당하시겠습니까?
머지않아 찾아오는 죽음은 어떻게 받아들이시겠습니까?

처음에 이것은 제행무상(諸行無常)을 연습하는 것이라고 했지요?

생겨난 모든 것은 소멸한다.
제행무상의 뜻은 이론으로 아는데 인정을 못하는 겁니다.
받아들이지 못하는 거예요.

'사람은 누구나 죽는다.'
모든 사람들이 아는 사실입니다. 하지만 내 가족, 내 소중한 사람들이 죽는다고 하면 인정을 못하고 받아들이지 못합니다.
그러니 결국은 항상할 수 없고 소멸할 수밖에 없는 대상에 집착하여 거기에 묶이게 되는 겁니다.
실제가 아닌 허상인 기억을 의지하면서 받아들이지 못하는 것 또한 마찬가지이죠.

죽비를 처음 세울 때는 죽비를 인식하며 순간 머무릅니다.
하지만 바로 감추면 소멸한 것이죠?
《대중》 네. 맞습니다.

《보심스님》 그런데 이미 소멸하고 없는 것을 허상인 기억으로 의지해서 '안 보이고 없다'라고 하는 것이 맞습니까?
안 보이고 없다는 것은 방금 전 보였고 있었던 기억을 의지한 거잖아요.

《대중》 네. 다 알겠는데 잘 안됩니다.

《보심스님》 여기 계신 모든 분들이 이치적으로는 다 압니다. 하지만 안 되지요. 오랜 세월동안 뒤집어졌던 습관과 업식(業識) 때문입니다.

이제 이것을 극복해야 합니다.

먼저, 이것을 바르게 아는 것을 견성(見性)이라 하는 겁니다. 견성하는 것이 수행의 첫 단계입니다.

'초발심시 변정각(初發心時 便正覺)'.

초발심이 바로 첫 견성하는 이 자리고, 이것을 정확하게 아는 이 순간이 구경각입니다.

하지만 어떻습니까?

안다고 해서 바로 적용되지는 않습니다.

탁마를 통해서 연습하며 익어나가야 합니다.

보림(保任)입니다.

처음 깨친 이 자리가 구경각과 조금도 다름없지만, 수없는 시간동안 뒤집혀져 있었던 관념 때문에 수행자들끼리 탁마 토론하고 다시 선지식께 여쭙는 이런 수행과정을 끊임없이 연습하면서 완성을 목표로 익어가는 겁니다.

《보심스님》 자, 다른 분과 다시 해보겠습니다.
(죽비를 들어 보이며 다른 대중을 부르기만 했을 뿐이다)

《대중》 네. 보입니다.

《보심스님》 헉. 보이냐고 묻지 않았는데 멋대로 미리 예측해서 또 생각에 빠지셨습니다.

《대중》 (웃음) 하하하.

《보심스님》 세상사 자기 멋대로 예측했다가 생각대로 잘 안되면 당황스럽겠지요?
이번엔 다르게 합니다.

《보심스님》 (죽비를 손바닥에 치면서) 탁! 탁! 탁
이것은 잘 들리시죠?

《대중》 네. 잘 들립니다.

《보심스님》 지금은 어떠세요? 들리세요? 안 들리세요?

《대중》 안 들립니다.

《보심스님》 무엇이 안 들리십니까?

《대중》 죽비 치는 소리가 안 들립니다.

《보심스님》 (죽비를 치면서) 탁! 탁! 탁!

《대중》 잘 들립니다.

《보심스님》 지금은 들리십니까?

《대중》 지금은 당연히 안 들리지요?

《보심스님》 무엇이?

《대중》 죽비 치는 소리가.

《보심스님》 왜 소리가 안 들리십니까?
조금 전 죽비 치는 소리에 머무르니까 안 들리는 겁니다.
잘 생각해 보세요.

《보심스님》 (죽비를 치면서) 탁! 탁! 탁!
잘 들리지요?

《대중》 네. 명확합니다.

《보심스님》 지금은요?

《대중》 지금은 안 들리지요.

《보심스님》 무엇이?

《대중》 죽비 치는 소리를 생각하고 있으니까 죽비 소리가 안 들립니다.

《보심스님》 죽비를 탁! 쳤을 때 순간 작용했다가 사라지지요? 사라진 것을 붙잡고 머무르기 때문에 자꾸 안 들린다고 하는 겁니다.

《대중》 네. 순간적으로 죽비 소리라는 상(相)에 머물렀습니다.

《보심스님》 끊임없이 과거 찰나의 기억에 머물면서 전도(顚倒) 됩니다. 너무 짧은 시간의 기억이어서 선명하거나 또 시간이 좀 흘렀더라도 자극이 강하게 남아서 깊이 저장되어 있는 기억은 분명하게 인식되기 때문에 그것을 의지하고 머무르게 됩니다.

《보심스님》 (죽비를 치며) 탁! 탁! 탁!
들리십니까?

《대중》 네. 들립니다.

《보심스님》 무엇이 들립니까?

《대중》 죽비 소리가요.

《보심스님》 아~ 정말 죽비소리가 들리십니까?

《대중》 네 방금 죽비 소리는 명확하니까요.

《보심스님》 과거의 기억인 허상을 의지하지 마시고 지금의 실제 주인공이 참 주인노릇을 해봅시다.

자등명(自燈明)!
자꾸 기억을 의지하지 마시고 지금 이 자리에서 있는 그대로 보이십시오.

《보심스님》 (죽비를 들어 보이며) 보이십니까?

《대중》 지금은 보입니다. 보이지만 보이는 것이 없는데 보입니다. 스님께서 물어보시니까.

《보심스님》 무슨 말씀이세요? 이제 알아서 방어막을 치시는가요? (웃음) 하하하.

《대중》 (웃음) 하하하.

《보심스님》 계속해서 붙잡을 수 없는 과거 기억을 의지해서 보고, 듣고, 느끼는 작용을 드러내고 있습니다.

허상에 정말로 걸림이 없어야 비로소 있는 그대로 받아들일 수 있습니다.

제행무상!

소멸하고 없는 것을 끊임없이 의지하여 붙잡고 집착하는데, 이미 사라진 것은 다시 불러올 수 없습니다. 다시 불러온 것은 실제가 아닌 기억속의 그림자 일뿐입니다.

그래서 고통입니다.

고통스러운 것을 '나의 것'이라고 여길 수 있겠습니까?

고통은 나의 것이라고 할 수 없습니다.

나!

무엇입니까?

몸, 생각, 느낌, 마음, 명예, 건강, 재산, 일체 나를 이루는 모든 것은 결국 소멸할 수밖에 없습니다. 결국 사라지기 때문에 고통이고, 소멸하는 것은 진정한 나라고 할 수 없습니다. '사라지지 않는 진정한 나'라고 할 만한 것이 없기 때문에 다시 무상(無常)한 겁니다.

세상 많은 사람들이 이런 이치를 몰라서 안 되는 거겠습니까?

여러분들이 지금 앞에 있는 '보심스님'보다 부족해서 안 되는 것이겠습니까?

결국은 아는 것 따로 생활 따로. 따로 국밥이기 때문입니다. 그래서 이것을 깨닫기 위해서는 진정으로 무상(無常)을 체득해야만 비로소 수행을 시작할 수 있습니다.

《보심스님》 자, 제행무상을 체득하는 연습을 다시 해보도록 하겠습니다. 이번에는 천천히 할 테니깐 말(言)에 끌려오지 마시고 천천히 생각하면서 대답하시기 바랍니다.

(죽비를 들어 보이며) 죽비가 보이지요?

죽비를 세웠으니 당연히 보이시겠지요?

《대중》 네. 스님께서 죽비를 세우시니 보입니다.

《보심스님》(죽비를 감추며)
이제는 보입니까? 안보입니까?

《대중》 보이지는 않는데요. 방금 세운 것을 봤기 때문에 기억은 남아있습니다.

《보심스님》 그렇습니다. 너무 짧은 찰나이기에 기억을 의지해서 머뭅니다.

그러면 지금 이 순간 있는 그대로 보는 것은 무엇입니까?

부처님 말씀에 있는 그대로 보고 듣고 받아들이라고 하셨습니다. 죽비에 머무르지 말고 있는 그대로를 한번 말씀해 보십시오.

《대중》 네. 계속 기억을 의지해서 보고 있는 것이 맞습니다.

《보심스님》 네. 있는 그대로 보지 못하는 것이 맞지요.

자, 그럼 지금 있는 그대로 드러내 보십시오.

《대중》 지금 있는 그대로라고 하면 죽비가 없는 거죠.

《보심스님》 자, 잘 보세요.

있는 그대로 보는 이 자리에 죽비가 어디 있습니까?

죽비를 생각하지 마시고 지금 있는 그대로를 말해 보세요.

《대중》 그렇다면 지금은 아무것도 안 보입니다.

보심스님만 보입니다.

《보심스님》 네. 그렇지요. 그런데 보심스님만 보입니까?

보심스님이 너무 잘생겨서요?

자, 지금 있는 그대로 작용은 다 드러나 있습니다.

《보심스님》 다른 분들께도 다시 해보겠습니다.

(죽비를 들어 보이며)

자, 보이시지요?

《대중2》 네. 보입니다.

《보심스님》 (죽비를 감추며)

지금은 어떻습니까?

《대중2》 죽비는 안 보이지만 스님과 칠판과 사람들은 다 보입니다.

《보심스님》 그렇다면 죽비가 안 보이는 것은 어떻게 아셨습니까?

《대중2》 기억에 머물러 알았습니다.

《보심스님》 네. 역시 기억을 의지했지요?

《대중2》 네. 또 그렇습니다.

《보심스님》 결국은 또다시 찰나에 생긴 무상한 것을 붙잡고 의지했다는 겁니다. 이처럼 아무리 안다고 해도 체득이 되지 않으면 삶속에서는 적용할 수 없기 때문에 아는 것이 무용지물이 됩니다.

《보심스님》 제행무상을 체득하는 겁니다.

죽음을 나의 일이 아닌 일반적인 현상으로 여기고 살다가 자기 가족의 죽음을 직면하고서야 보통 무상(無常)을 알게 되는데 그것도 잠시뿐!

시간이 흐르면서 기억이 희미해짐에 따라 강하게 느껴졌던 죽음을 통한 무상(無常)도 점차 사라집니다.

중생은 이처럼 어리석습니다.

결국 자기의 목숨이 죽음 앞에 이르러서야 '앗, 뜨거!' 하지만 그때는 이미 늦습니다.

당장 물에 빠졌는데 무상(無常)을 생각해서 받아들일 마음의 여유가 있겠습니까?

살고 싶다는 다급한 마음만 앞서서 물 불 못 가리지요.

생겼다가 사라지는 허상에 속기 때문에 우리는 지금 이 순간을 있는 그대로 받아들이지 못하는 겁니다.

그러면 이 허상에 속지 않으려면 어떻게 해야 하겠습니까?

《대중3》 지금 보고 듣는 작용을 그대로 받아들이면 됩니다.

《보심스님》 네. 아주 훌륭한 말씀입니다.

실제 그렇게 되는지 한번 해볼까요?

(죽비를 치고 들어 보이며)
보이고 들리시죠?

《대중3》 네. 보이고 들립니다.

《보심스님》 (죽비를 감추며) 지금은 어떻습니까?

《대중3》 (차를 마시면서) 따뜻하고 좋습니다.

《보심스님》 죽비가 보이느냐 물었는데 차가 따뜻하고 좋다고 했습니다. 여러분들은 어떻게 생각하십니까?

《대중4》 스님께서 질문을 상(相)으로 붙잡아 머무르고 계십니다.

《보심스님》 네. (웃음)하하하.
제행무상을 설명하기 위해 여러 각도로 보여드렸습니다.
제행무상은 모든 것은 결국 소멸한다는 겁니다.
본래 항상할 수 없는 것이므로 의지해서 머무르지 말고 받아들이라는 것이 궁극적인 목적이지요.

그런데 우리는 순간적으로 자기와 부딪히는 강한 자극들에 대해서는 허상을 의지하려 하는 오랜 습관이 뿌리 깊게 박혀 있습니다.

왜냐하면 지금까지 허상인 관념을 의지해서 살아왔기 때문에 스스로 주인노릇을 하지 못해서입니다.

수없는 시간동안 남의 인생을 살아온 겁니다.

보고, 듣는 것을 통해 순간적으로 만들어진 허상의 그림을 의지해서 살아왔기 때문에 그것을 의지하지 말라고 하면 어쩔 줄 몰라 당황하면서 헤매게 됩니다.

끊임없이 자기 관념에 뒤집어져 좋은 것은 붙잡고 싫은 것은 거부하면서 있는 그대로를 받아들이지 못했습니다.

있는 그대로 받아들이면 자기 관념을 의지할 필요도 없고 의지할 수도 없습니다.

제행무상의 궁극적인 목적은 끊임없이 생멸(生滅)을 반복하는 허상을 의지하여 그 허상에 묶이고 붙잡히고 집착하는 중생의 습관에서 벗어나는 것입니다.

죽비를 들어 보였을 때 죽비가 보이는 것은 부정할 수가 없는 것이지요?

그런데 죽비를 감췄을 때 문제가 생깁니다.

죽비가 안 보이고, 사라진 것을 아는 것은 방금 전 세워졌던 죽비를 기억에 의지하여 머물기 때문입니다.

조건을 따라 이미 생멸이 진행된 죽비에 머물러놓고선 안 보이고, 사라졌다고 하는 것은 이미 소멸한 것을 기억에 의지해서 허상을 붙잡는 것이지요.

끊임없이 생멸하는 허상에 머물고 있는 겁니다.

죽비를 들어 보이고 숨기면서 보이는지를 반복해서 묻는 것은 순간적으로 시간적, 공간적 관념에 빠져서 머무는지를 확인하는 것입니다.

허상은 생각에 묶이면서 스스로
그 생각에 동일시 되어 허깨비를 붙잡는 것.
실상은 어느 한 생각에도 묶이지 않는 작용을 말합니다.

저절로 일어났다가 사라지는 생각이 어느 한 포인트에 묶여 스스로가 그 생각에 동일시 되면서 계속해서 보고 듣는 실상 작용을 하면서도 실제인 줄 모르게 되는 겁니다.

죽비를 보였다 숨기는 이것이 결국은 허상에 묶이지 않도록 매 순간 보고 듣는 작용을 다시 일깨워 주는 겁니다.

사실은 자유자재해서 어디에도 묶인 적이 없는 이 주인공이 죽비라는 대상에 묶이면서 옴짝달싹 못하게 스스로 가둬 버린 겁니다. 스스로 묶이지 않는다면 죽비에 상관없이 얼마든지 보고 듣고 하는 작용을 자유롭게 드러내겠지요.

기억에 머물지 않아 죽비에 묶이지 않으면 작용은 끊임없이 드러납니다. 겨우 이까짓 죽비에 묶여 헤매는데 죽음이라는 큰 고통에 묶이면 얼마나 헤매게 될지 여러분 상상이나 해보셨습니까?

새로운 1차 작용이 과거의 허상을 밀어내고 끊임없이 드러나기 때문에 애써서 허상을 버리려고 하거나 끊으려고 하는 것은 오히려 다시 허상에 힘을 실어주는 꼴이 됩니다.

이미 사라져서 존재하는 것이 아닌 허상을 다시 끄집어냄으로써 스스로 다시 묶이는 형국이지요.

새로운 실상작용은 끊임없이 들어오게 되어있습니다.

허상을 억지로 없애거나 붙잡으려고 조작하지 않아도 새로운 1차 작용은 끊임없이 일어나게 되어있는 것이지요.

번뇌 망상이나 괴로운 생각이 일어날 때 그 생각을 없애고 벗어나기 위해서 발버둥 치면 칠수록 에너지를 더욱 주입하게 되어 더 강하게 묶이게 됩니다.

번뇌 망상에 상관하지 않으면 새로운 실상이 허상을 끊임없이 밀어내고 작용을 하게 되어있습니다.

끊임없는 1차 작용, 작용, 작용은 항상 이 자리에서 한 치도 벗어남이 없습니다.

《대중》 (박수) 짝 짝 짝.

《보심스님》 허상에 머무르지 말고 의지하지 마십시오.

있는 그대로 다 받아들이면 본래 실상과 허상이 따로 있는 것이 아닙니다.

사실은 상(相)을 붙잡아 머무르고 싶어도 본래 머무를 수가 없는 것입니다.

자, 이것은 안다고 해서 일상생활에 바로 적용되지 않습니다. 먼저 이러한 진리를 바로 알고 난 후 생활 속에서 익어지도록 연습하는 것입니다.

이것이 명확해지면 모든 순간 찰나에서 자유롭게 수처작주(隨處作主) 할 수 있습니다. 매 순간을 주인으로 살 수 있습니다.

아무리 괴롭고 힘든 일이 일어나더라도 사실은 순간 지나가고 맙니다. 지나간 기억을 떠올려서 머무르기 때문에 고통을 받고 쾌락에 빠지는 것이지요.

그런데 그 기억에 머물고 싶더라도 하루 종일 계속해서 붙잡을 수 있습니까?

붙잡고 싶어도 붙잡고 있을 수가 없습니다.

설령 잠깐 기억을 붙잡고 머무른다 해도 다른 외부 자극이 생기면 바로 외부 작용을 따라가게 되지요. 하나의 일이 끝나면 잠깐 기억에 머물렀다가 다시 또 다른 작용을 따르게 됩니다.

이렇게 끊임없이 되풀이되기 때문에 스스로 기준점을 잃어버리면서 뒤죽박죽 혼란스럽게 되는 겁니다.

그리고 퇴근 후 집에 와서 잠자리에 누우면 하루 중 크게 자극되었던 기억만 남아서 종일 힘들고 피곤하고 괴로웠었다는 생각에 묶이게 되는 것입니다.

'아. 오늘 무척 힘들고 괴로운 시간이었어.'

이처럼 제행무상이 체득 안 되면 고(苦), 스트레스가 되는 것입니다.

《대중5》 스님께서 보여주신 죽비를 오늘 네 번째 보고나서 이제야 겨우 알았네요.

《대중》 (박수) 와 ~

《대중5》 스님께서 네 번을 연속해서 보여주시니까 이제야 이해가 갑니다. 정말 감사합니다.

《보심스님》 네. 이렇게 탁마하는 도중에 거듭해서 체득이 옵니다.

《보심스님》 열반적정(涅槃寂靜). 열반적정이 뭡니까?
오늘 죽비를 네 번째 보고 알아차리신 보살님께서 한번 말씀해보시죠?

《대중》 아. 네. 이제 기억을 의지하지 않습니다.

《대중》 (웃음) 하하하.

《보심스님》 삼법인이 뭡니까?

제행무상, 고, 제법무아, 열반적정.

열반적정은 무상과 무아에서 벗어나는 것입니다.

그럼 변하지 않고 항상하면서 스스로 존재할 수 있는 것이 무엇입니까?

《대중》 마음(心), 중도(中道)입니다.

《보심스님》 무상과 무아에 포함되지 않는 것이 바로 마음이고 중도이지요?

그런데 마음과 중도라고 하면 여기서는 어긋납니다.

그것은 이미 말을 따라 만들어진 관념이에요.

《대중》 (손뼉을 치며) 짝! 짝! 짝!

소멸하지 않고 항상하면서 인연 따라 작용 하는 것.

이것뿐입니다.

《보심스님》 그렇습니다.

소멸하지 않고 항상하면서 스스로 존재하는 것.

인연만 되면 작용은 일어나게 되어있습니다.

이 작용은 본래 그 어떤 형상이 있는 것이 아닙니다.

아까 작용하지 않을 때도 바탕자리인 체(體)가 항상 존재해서 작용은 본체(本體)에서 일어난다고 생각하는 분들이 있었는데 큰일납니다. 이것은 인연만 되면 작용하는 것이지 작용이 일어나는 바탕자리가 따로 항상 존재한다는 것은 지금 일으킨 자기 망상입니다.

지금 보고 듣는 1차작용을 떠나서 바탕자리가 따로 있다거나 혹은 없다고 하는 두 가지 견해 모두 바탕자리라는 관념에 묶여 유무(有無) 양변(兩邊)에 떨어질 수밖에 없습니다.

(죽비를 치며) 탁! 탁! 탁

지금 죽비소리를 듣는 이것뿐입니다.

지금 듣는 작용을 떠나서 따로 작용을 일으키는 바탕자리가 있다는 그 생각이 바로 지금 일으킨 허상입니다.

자, 그럼 조금 전에 어떤 분이 말씀하신 것을 살펴봅시다.

'작용이 일어날 때 아는 놈'이 있다고 했습니다.

그것 또한 이미 작용이 일어난 뒤에 자기가 만든 허상입니다. 보고 듣는 작용 후에 이 작용을 알아차리는 내가 있다는 것을 당연하게 받아들이는 아주 고질적인 허상입니다.

'작용을 아는 놈이 있다'는 것은 작용 후에 알아차린 허상일 뿐입니다. '보고 듣는 작용을 아는 그 무엇이 있다'는 그 생각조차 얼마 지나지 않아 바로 소멸하게 됩니다.

'작용을 아는 놈이 누구인가?'라는 생각을 떠올릴 때는 있는 것 같다가 또 다른 생각이 들어오거나 어떤 일에 집중하다 보면 처음 그 생각은 흔적도 없이 사라져 버립니다.

그래서 작용 뒤에 남는 일체의 식(識)과 알음알이는 소멸할 수밖에 없는 허상입니다.

지금 보고 듣는 작용을 떠나서 따로 작용이 일어나는 바탕자리가 있다는 생각. 혹은 바탕자리가 없다는 생각 모두 지금 보고 듣는 작용 후에 스스로 만든 그림일 뿐입니다.

(죽비를 치며) 탁! 탁! 탁

이 작용에는 그러한 관념들이 붙을 수가 없습니다.

지금 듣는 이것뿐입니다.

지금 보심스님 말을 듣는 이 자리를 떠나서 '작용을 일으키는 그 무엇이 있다'고 생각하는 순간 생각 위에 생각을 얹게 되서 중중첩첩(重重疊疊) 끝이 없어집니다.

《보심스님》 몸은 조건이 다하면 소멸합니다.
몸이 소멸하면 식(識)은 소멸합니까? 존재합니까?

《대중6》 몸이 소멸하면 식(識)도 소멸하지 않겠습니까?

《보심스님》 그렇다면 작용이 일어나는 바탕자리와 그 작용을 아는 식(識)은 몸이 소멸하면 다 없어지는 건가요?
그렇다면 아무것도 없는 겁니까?

《대중7》 이 작용은 '생각 이전의 소식'이잖아요.
몸은 소멸하지만, 이 작용자체는 존재 하지 않을까요?

《보심스님》 확실치 않은 미심쩍은 대답을 했습니다.
사실 잘 모르겠지요?

《대중7》 네. 미심쩍습니다. 확실히 잘 모르겠습니다.

《보심스님》 지금 보고 듣는 작용을 떠나 바탕자리가 존재한다고 했던 분들은 어떻게 생각하십니까?

《대중8》 그렇게 이야기하긴 했는데 체험을 하지는 않아서 말하기가 좀 어렵습니다.

《보심스님》 (죽비를 치며) 탁! 탁! 탁!
그러면 이것은 작용을 아는 것입니까? 작용입니까?

《대중8》 소리가 들릴 뿐입니다.

《보심스님》 네. 그렇지요.
작용을 아는 것이 아니라 죽비 소리를 듣는 것뿐입니다.
그렇다면 작용을 알든 모르든, 몸이 있든 없든, 이것을 아는 식(識)이 있든 없든, 인연만 되면 작용뿐인 것에 영향을 줄 수 있습니까?

《대중8》 네 상관없는 것 같습니다.

《보심스님》 (죽비를 치며) 탁! 탁! 탁!
들으려고 해서 들린 것이 아니지요?
의사에 상관없이 그냥 들렸습니다.
'작용을 아는 그 무엇'이라고 하는 순간 동시에 '나라는 생각, 나의 몸이 있어야 보고 들을 수 있다는 생각'들이 붙으면서 관념에 묶이게 됩니다.

이렇게 실상작용을 떠나 그 뒤에 붙는 관념에 묶이게 되면서 각자 가상의 세계를 만들게 됩니다.

먼저 몸뚱이가 소멸하면서 식(識)이 소멸하고, 식(識)이 소멸하면 아무것도 없다는 허무주의에 빠지게 되지요.

곧 작용을 알아차리는 내가 소멸함으로써 모든 것이 사라진다는 단멸상(斷滅相)에 떨어져 허무주의에 빠지게 됩니다.

혹은 지금 보고 듣는 작용을 떠나서 바탕자리가 항상 존재한다고 생각하는 사람들은 몸이 소멸하고 식(識)이 소멸해도 이 바탕자리는 항상 존재한다고 고정시키게 됩니다.

지금 보고 듣는 실상작용 후에 따라붙는 생각들이 온갖 그림을 그려내면서 끝없는 윤회를 만드는 씨앗이 되는 것입니다. 영속성(永續性)에 머물면서 끝없는 윤회를 하게 되지요.

생각이라는 것은 묘한 요술쟁이입니다.

만약 있다(有)는 견해가 50.01%, 없다(無)는 견해가 49.09%'일 때 0.01% 차이지만 있다(有)는 견해에 100% 치우치게 되어있습니다.

지금 보고 듣는 1차작용을 떠나서 '바탕자리와 참나'가 따로 존재한다고 고정시켜놓으면, 비록 이것은 모양으로 볼 수 없고 찾을 수는 없지만 온 우주에 꽉 차 있다는 견해에 머무르게 됩니다.

어떤 신비한 체험이나 오랫동안 주입된 고정관념이 지금 보고 듣는 이것을 떠나 바탕자리와 참나가 존재한다고 대상을 절대화시키는 오류이지요.

신(神)을 믿는 사람들과 '참나(眞我)'를 주인공으로 삼는 사람들의 공통된 경계입니다.

스스로 만든 우상(偶像)에 갇히는 모순.

《대중》 처음에는 바탕자리와 식(識)이 참 주인공이라고 생각했었는데, 그 또한 지금 일으킨 허상이라는 것을 알겠습니다.

《보심스님》 네. 그렇다면 오늘 탁마가 보람이 있습니다.

자, 이제 정리하겠습니다.

작용은 '생각 이전의 소식'이라는 말에 떨어져서, 생각 이전에 작용이 일어나는 바탕자리가 있다는 그 생각이 바로 지금 만든 허상이라는 겁니다.

(죽비를 치며) 탁! 탁! 탁!

참다운 진리는 바로 듣는 이것뿐입니다.

이 순간에 듣는 작용 자체입니다.

작용 뒤에 붙는 생각들이 문제를 일으켜서 윤회와 전생, 우리가 볼 수 없는 비물질적인 신비한 것들이 만들어져 버리는 겁니다.

그렇다고 '윤회와 전생, 비물질적인 신비한 것들은 없다'라는 것 또한 앞 견해를 부정하면서 지금 만들어진 허상일 뿐입니다.

1차작용을 체득하는 수준만큼 자유롭게 스스로가 주인 되는 부처의 삶을 살 수 있는 것입니다.

여러분!

이처럼 우리가 많은 것을 아는 것 같지만 결국은 안다고 착각하는 것 밖에 안 됩니다. 정말 어렵게 이 귀한 진리를 만났는데 다 같이 더불어 완성해 나가야하지 않겠습니까?

부처님께서 이 귀한 진리를 깨달으시고 크나큰 자비심으로 수없는 중생을 제도하시지 않으셨습니까?

우선적으로 나의 견해가 어떻게 잘못되었는지 바로 알아야 합니다. 바른 견해를 갖는 것이 견성(見性)이고 정견(正見)입니다.

그런 후 바른 지혜를 통해 각자의 생활 속에서 익숙해지도록 도반들과 같이 협력해서 아름답게 익어가도록 합시다.

마치겠습니다.

《대중》 벌써 끝나는 겁니까?

아쉽습니다. 매우 감사합니다. 스님.

소를 타고
소를 찾아 나서는 여행길 ♬

그대는 누구인가?

어디서 왔는가?

어디로 가려 하는가?

우리는 고향으로 돌아가야 한다.

많은 이들이 고향을 잃고 갈팡질팡 떠도는 가운데

고향 가는 길을 잘 아는 목자(牧者)를 만난 복(福) 있는 사람들이 있다.

길을 안내하는 선지식(牧者)도 처음에는 여러 갈래 길에 혼란스러웠다.

먼저 길을 개척한 선각자(先覺者)들의 도움을 받아서

이제는 아주 능숙한 목자(牧者)이다.

이 세상 사람들은 각자 스스로의 길을 고집한다.

고향 가는 길을 잘 알고 있어서 헤매지만 않는다면

어떻게든 찾아갈 수는 있겠지만…

혼자서 떠나는 고향으로의 여행길이 쉽지는 않다.
어디로 가야 하는가?
때로는 방향을 잃고 지쳐서 포기하고 되돌아오기도 한다.

혼자 떠나는 길에 다행히 길동무를 만난다.
서로 다독이면서 힘을 내기도 하지만
결국은 스스로 헤쳐가야 하는 고독함에 길을
가던 중간에 되돌아오고 만다.

그렇게 세월은 흘러간다.
고향은 이미 잊혀진 체.
그러다 많은 세월이 흘러 다시 고향을 그리워한다.

그때는 이미 고향이 어디인지? 어디로 가야 하는지?
선지식을 만날 수도 없다.
그렇게 고향을 잃고 타지에서 떠돌이로 떠돌고 만다.

지혜롭고 복(福) 있는 사람들이 있다.
노련한 운전자를 의지하여 고향 가는 직행버스에 올라탄다.
혹여 낙오될세라 절대 내리지 않는다.
고향을 가는 긴 여행에
많은 시련과 유혹들이 도사리고 있다.
노련한 목자(牧者)와 길동무는
훌륭한 서로의 도반(道伴)이 되어
마침내 고향에 도착할 수 있다.

다시 일탈이 생긴다.
직행버스를 의지한 순조로움에 도취해

혼자서도 갈 수 있겠다는 교만함이
결국 다시 낙오하게 만든다.
언젠가는 누구나 반드시 돌아가야 하는
고향 여정을 멈출 수는 없다.
아~ 깊은 안타까움이여.
어디로? 어떻게? 의문만 남긴 채 다시 방향을 잃고 만다.

방향을 잃는 순간, 처음 출발 그때로 돌아가 버린다.
그렇게 셀 수 없는 세월을 지나서 '지금! 여기!'인 것이다.
다시 낙오되면 얼마나 많은 세월을 또 떠돌아야 할지
기약이 없다.

소를 타고 소를 찾아 나서는 여행길을 따라
이렇게 기약 없이 윤회를 한다.

사문 보심

백운 노스님과 제자 보심스님.

백운암 법회, 각 지부 탁마모임 안내

1. 백운암 가족 법회

- 매월 셋째 주 토요일 오후 3시~일요일 오전 10시 (1박2일)
- 경주 남산 백운암

2. 경주지부 탁마 모임

- 매월 둘째 주 (목) 오후 7시
- 경주 고불선원

3. 대구지부 탁마 모임

- 매월 첫째 주 (토) 오후 3시
- 대구 모임장소

4. 부산·경남지부 탁마 모임

- 매월 둘째 주 (토) 오후 3시 / 김해 여여정사 포교당
- 매월 넷째 주 (금) 오후 7시 / 자체모임

5. 포항지부 탁마 모임

- 매월 셋째 주 (월) 오후 2시
- 포항 고불선원

참가 문의 : 백운암 종무소 010-8654-3531